中央民族大学本科教学研究 / 第二十二辑

加强教学建设 提高人才培养质量

JIAQIANG JIAOXUE JIANSHE TIGAO RENCAI PEIYANG ZHILIANG

中央民族大学本科教学研究

MINZU UNIVERSITY OF CHINA UNDERGRADUATE TEACHING RESEARCH

第二十二辑

宋 敏◎主编

中央民族大学出版社
China Minzu University Press

图书在版编目（CIP）数据

加强教学建设　提高人才培养质量：中央民族大学本科教学研究/第二十二辑/宋敏主编. —北京：中央民族大学出版社，2018. 11

ISBN 978－7－5660－1527－3

Ⅰ. ①加…　Ⅱ. ①宋…　Ⅲ. ①中央民族大学—教学研究—文集　Ⅳ. ①G759. 2－53

中国版本图书馆 CIP 数据核字（2018）第 168748 号

加强教学建设　提高人才培养质量

——中央民族大学本科教学研究/第二十二辑

主　　编　宋　敏
责任编辑　满福玺
责任校对　胡菁瑶
封面设计　汤建军
出 版 者　中央民族大学出版社
　　　　　北京市海淀区中关村南大街 27 号　邮编:100081
　　　　　电话:68472815(发行部)　传真:68932751(发行部)
　　　　　　　68932218(总编室)　　　　68932447(办公室)
发 行 者　全国各地新华书店
印 刷 厂　北京建宏印刷有限公司
开　　本　787×1092 毫米　1/16　印张: 11. 75
字　　数　206 千字
版　　次　2018 年 11 月第 1 版　2018 年 11 月第 1 次印刷
书　　号　ISBN 978－7－5660－1527－3
定　　价　50. 00 元

目　录

教学改革与研究

专业与课程建设

教育教学管理

教学改革与研究

民族院校艺术生大学英语写作能力研究[①]

——以中央民族大学2009级艺术类学生为例

王　凯

一、文献综述

写作作为一项重要的产出性语言学习能力，一直受到国内外英语教学界的关注。近年来，针对提高英语学习者的写作水平的研究成果不胜枚举，研究方法与视角也各有不同，其中涉及研究作文的语篇特征、语言特征、写作过程、写作能力的影响因素、作文评改手段、作文反馈、教学现状及教学改革等相关话题。具体而言，有些研究者尝试着将不同的教育学理论应用到写作教学中，形成了多样的教学方法。如过程法、结果法、内容法、体裁法、合作法、词块法等；有些研究者关注写作能力产生影响的因素；有些研究者更侧重于作文评价手段对学生写作产生的反馈作用，提出了同伴互评、机器评阅等新的评价方法；有些研究者结合新科技的发展与应用，提出了网络写作等新型写作方式；有些研究者利用语料库对学生写作中存在的突出问题进行深入分析并提出相应的解决办法；也有少数国内研究者将视野投向了少数民族院校大学生的英语写作，对少数民族学生英语写作中存在的特殊问题做了比较详尽的阐述。

在写作方法方面，“结果法”较为传统，其重点是在写作成品上，强调语言的正确性、作文的结构和质量。此方法通常是由教师提供范文，进行分析、讲解，然后学生模仿范文写作，最后由教师批改、打分。“过程法”的兴起始于20世纪60年代美国的第一语言教学，80年代从事第二语言教学研究的学者，如美国的Raimes（1983）、Zamel（1985）和英国的Hedge（1988）、White & Arndt（1991），将“过程法”应用于第二语言的

---

① 本文为全国教育科学“十一五”规划教育部重点课题“民族院校大学生英语应用能力培养研究”（项目号：GPA105032）的阶段性成果。

写作教学。“过程法”强调的是写作过程，提倡学习者的相互合作。此方法通常分为写前准备、写作及修改阶段。“内容法”的教学重点在于帮助学生准备写作，丰富其写作内容，而非教授写作技巧，其应用对象通常是专业英语学习者（于飞、张慧芬，1996）。“体裁法”是近年来随着体裁理论的发展而出现的一种新的教学法，虽然其教学方式与“结果法”相似，但更强调社会语境，认为写作的成功取决于语言知识与社会目的的密切结合（韩金龙，2001）。为了充分发挥以上四种教学法的优点，Badger 和 White（2000）提出了一种综合教学模式，称作“过程体裁教学法”。在“过程体裁教学法”中，体裁分析理论把写作同社会环境紧密联系起来，认为写作是一种交际活动，写作是为了实现特定社会环境中的某一交际目的，所写的文章是交际的工具。近年来，“词块法”越来越引起国内外的语言学家及外语教师的重视。Lewis（1993）认为“语言是语法化的词汇，而不是词汇化的语法”，它强调的是“词块”而不是“词汇”，主张语言教学应把学生的注意力引向诸如固定搭配、成语、固定或半固定短语等词块的学习上。“合作法”源于 20 世纪 70 年代的美国，即在教学上利用合作学习小组的形式，改变了以教师为中心和只注重写作结果的传统课堂教学模式，让学生亲身体验写作过程，在过程中学会互相评价、探究成果，使写作成为一个主动的学习过程。

在以上提及的各种写作方法之中，学者对反映过程法核心理念的同伴互评的研究十分关注。在英语写作之中，同伴互评是英语水平相近的学生对彼此写的作文进行修改和评估，以促进他们的共同进步（Ferris & Hedgcock，2004）。早期研究对这一领域的研究着眼于比较教师评改与同伴评改的有效性，但研究者逐渐认识到两种评改形式可以相互补充（Ferris 等，2003）。目前研究侧重于同伴互评的作用以及如何提高其效果。现对国内外的研究层次做一简要梳理。

国内对这一领域的研究成果主要涉及以下方面：

（1）同伴互评应用于写作教学的效果研究：根据部分实证研究的结论，这种学习模式对提高大学生的写作自主性和学习自主性（莫俊华，2007；张立等，2008）、提高学生的合作学习能力（张春玲等，2008）、减轻学生的写作焦虑（顾恺等，2009）、提高写作水平（韩冰等，2009）有一定作用。

（2）运用同伴互评教学法所产生的问题（毛静等，2010）。

（3）影响同伴互评实施效果的因素研究（谢小红等，2009）。

（4）教师反馈与同伴反馈对比研究（杨苗等，2006）。

（5）通过网络媒介进行同伴互评的效果研究（姬梦月，2009；Wen Keshan & Li Qing，2009）。

国内研究侧重对同伴互评的实施效果的评价，研究方法是定性和定量相结合，多采用评述法和对比法。

与国内研究相比，国外更侧重对同伴互评的操作细节的研究，主要涉及以下几个方面：

（1）实证同伴互评对学习动力和学习动机的推动作用（Parsons 等，2001）。

（2）通过对比同伴互评与教师评价，证明前者对学习者读者意识、作品所有权意识的培养的重要性（Mendoca & Johnson，1994；Tusi & Ng，2000；Cho 等，2006）。

（3）同伴互评的问题：学生缺乏实质性反馈能力（Min 等，2006）；学生的批判性能力表现较低（Johannessen 等，2002）。

（4）训练学生的同伴互评策略以及实施方法（Bishop，2003；Min，2005；Kamimura 等，2006）。

综合以上论述，笔者认为对同伴互评的研究可以从以下几个方面进一步深化：

（1）细致研究学者在互评中遇到的认知困难及解决策略，探讨教师如何能在这一过程中发挥“协助者”的作用。

（2）对比网络互评和纸质互评的差异，探讨如何更好地利用网络环境开展写作教学。

（3）研究国内外正在使用的作文互评软件的使用情况。

在写作能力影响因素方面，专家学者各抒己见，目前被广为研究的影响因素包括母语水平、母语思维、元认知知识等。王立非与文秋芳（2004）的研究发现，汉语水平变量通过直接或间接路径对学习者的英语写作能力产生影响，其中汉语写作能力、汉语词汇能力和汉语语篇能力三个变量对英语写作影响显著。其次，英语水平在汉语能力变量向英语写作能力的迁移中起着制约作用。王文宇与文秋芳（2002）把内容构思、结构构思和文本输出过程中的母语思维量与作文的单项分做了相关分析。结果表明，母语在二语写作过程中所起的不是单纯的“正”或“负”的作用：某些思维活动中（文本输出）的母语影响是消极的，而某些母语思维（如内容构思、结构构思、过程控制）对二语作文的质量并无明显的负面影响。吴红云（2006）通过纵向调查、横向调查、大规模问卷调查以及作文测试等多种定量与定性调查手段，探究了写作元认知体验的种类及其与作文成绩之间的关系和写作教学对元认知体验的影响。研究发现：元认知体验可分为积极体验和消极体验；写作元认知体验与作文成绩之间具有对应关系；写作元认知教学对元认知体验有一定的积极影响。

在新技术与英语写作教学的结合方面，网络英语写作模式得到了部分国内外学者的关注。研究方向涉及以下几个方面：

（1）对比传统课堂教学与网络写作的差异。例如：王力、王同顺（2006）将接受面授写作教学和基于网络写作教学的学生作文进行比较，利用语料库手段从词汇密度、词汇丰富度、句型程度、多样性和复杂性进行了深入对比，发现使用网络写作的学生作文水平比传统面授学生的写作水平有所提升。

（2）网络英语写作课程应该如何设计和应用。例如：Chin-Hwa Kuo 等人（2000）将计算机技术、网络环境、语言评价体系整合起来，研制了一种能够提供高级英语写作环境的系统，研究跟踪了师生使用这一系统的情况。章国英等（2002）阐述了基于网络环境下的英语写作课程设计的基本要求，对其教学内容和教学策略的设计依次展开了讨论。

（3）将不同教学法与网上写作相结合的研究。比如：顾佩娅（2002）探讨了项目教学法与网络写作的结合；王伟等（2006）研究了任务法框架下网络写作的特点。

（4）不同网络交流手段及技术与课堂教学相结合的应用研究。例如：徐洁（2008）探讨了博客技术是否可以促进英语专业写作教学；吴军莉（2010）考察了基于语料库的网络英文写作教学模式。笔者认为，随着个人电脑和网络的普及，网络写作教学模式将会进一步得到应用和研究，研究视角也会更为多样。比如：如何将网络阅读和写作结合起来；网络写作模式对学生词汇能力、造句能力、篇章结构及写作风格将会产生怎样的影响；如何将同伴互评和网络写作相结合；目前网络教学平台或系统中写作模块的使用存在哪些问题等。

此外，许多国内外英语教学研究者开始利用语料库对中国大学生英语写作的语言特征进行研究，并提出运用语料库促进英语写作的方法。

在国外，Shaoqun Wu 等（2010）介绍了一种利用网络语料库和数字图书馆软件的创新系统并对其进行了评估，该系统能够为英语学习者提供大量的词语搭配，从而促进学习者的英语写作。Danica Salazar 等（2009）对美国大学生、菲律宾大学生和西班牙大学生英语议论文中一词多义的动词进行语料库分析，结果表明，与母语写作者相比，非母语英语写作者对动词多种含义的掌握非常有限。Gunter Lorenz（2001）的研究取材于国际英语学习者语料库，辅以部分青年英语学习者和以英语为母语的人所写的议论文，对目前英语书面语中的形容词强化现象做了功能性的描述，并探究了以英语为母语者和非母语者在形容词使用和符合语言习惯方面的差异。

在国内，文秋芳等人（2003）通过分析英语专业一至四年级学生的240篇作文中的代词使用和词汇分布情况，并与其他学习者语料做对比，发现中国高水平英语学习者的书面语同其他国家（如法国、丹麦、芬兰、瑞典）的英语学习者书面语一样，表现出较强的口语化倾向；但随着英语水平的提高，他们书面语中的口语化倾向有明显的减弱的趋势。杨永林等（2004）结合中国语境中的英语写作教学与研究，着重讨论了如何通过“技术精巧”来解决“创新写作”中的一些问题，并详细介绍了其学校开发出的具有立体化、数字化、开放式特征的写作训练系统——体验英语写作训练系统，为促进外语教学改革提供了另一种思路。张岩（2006）运用语料库方法对中国学生英语议论文中的指示词使用特点进行了研究。谭晓晨（2006）收集了英语专业一至四年级157名学生在一学期内所写的英语作文，采用Range和Wordsmith分析其产出性词汇发展过程。结果发现，广度知识与英语水平关系密切，发展过程可分为：深度知识的发展与英语水平关联紧密；各类词汇知识呈现非同步发展的趋势；广度知识的发展大体与深度知识的增长相伴。

此外，国内部分研究者对少数民族的“三语习得”中的写作问题给予了关注。顾菊华（2005）就制约彝族地区学生写作水平提高的因素进行了分析，对培养学生大学英语写作能力的方法、途径进行了探讨。石发林等（2006）指出大学英语写作课程、大学英语写作教学都没有针对少数民族学生的具体情况进行，是造成少数民族大学生写作水平较低的不可忽视的因素；并从建构少数民族大学生英语写作网络自主学习平台，进行分班分级教学和改进写作课的教学方法三个方面提出了解决办法。张玉玉（2008）分析了新疆少数民族地区维吾尔族民考民英语学习者在大学英语写作学习中出现的偏误类型，并着重探讨了造成中介语语法偏误类型的原因，对三语学习者的英语学习及其英语教师的写作教学有积极的指导作用。万晓卉（2009）通过实证和访谈，对30名维吾尔族英语专业大学生的作文进行分析，结果发现，语言错误严重，缺乏写作技巧方面的训练是制约少数民族大学生写作水平提高的主要因素并提出相应对策。康红（2009）根据错误分析的理论并参考国内外有关语言错误研究的实例，探讨了高校藏族学生英语学习中的常见动词错误类型及原因。刘立（2010）介绍了少数民族英语学习者的特殊性以及语料库在研究少数民族学生三语习得中的作用，并从建库目的和规模、语料抽样、语料加工与标识、语料库赋码等方面进行了深入的阐述。具体到对艺术类大学生的写作能力研究，目前只有胡玲（2011）的《论背诵输入对大一艺术学生英语写作的有效影响》。本文以第二语言习得理论和图式理论为理论基础，以湖北第二师范学院大一两个艺术班的学生为研究对象，以实验班和对比班前后测的方法，针对背诵对写作能力的影响进行了实验。结果表明，背诵对非英语专业大学生的写作水平有极大的推动作用。表现出来的优势主要为用词多样化以及语言的准确性、流畅性均有显著提高。

二、研究对象

本研究抽样调查的是中央民族大学 2009 级音乐、舞蹈、美术专业的 110 名学生。其中音乐专业 31 人，占 28.2%；舞蹈专业 32 人，占 29.1%；美术专业 47 人，占 42.7%。其中，汉族学生占 80%，少数民族学生占 20%；男生占 39.1%，女生占 60.9%。在这些学生中，从小学开始学习英语的占 56.4%，从初中开始学习英语的占 41.8%，从大学开始学习英语的占 1.8%，而从高中阶段开始学习英语的学生为 0 人。根据调查统计，在艺术类学生的家长中，父亲的文化程度在高中或中专以上学历的占 79.1%，母亲的文化程度在高中或中专以上学历的占 81.9%。来自县级以上城市的占 91.8%，来自牧（林）区的占 1.8%，来自农村地区的占 6.4%。在参加高考的过程中，以汉语参加普通高考的占 89.1%，以民族语言参加高考的占 10.9%。另外，对英语感兴趣的占 56.3%，而对英语没有感觉以及不感兴趣的人占 43.7%。其中，70% 的学生认为学习英语可以促进艺术专业的学习，而不确定及不同意此观点的占 30%。

三、问卷情况

此次问卷调查中，涉及写作有七个问题，均为单选题。

第一题：学生对英语写作是否感兴趣。回答“非常同意”的有 2 人，占比 1.8%；回答“同意”的有 37 人，占比 33.6%；回答“不确定”的有 34 人，比例为 30.9%；回答“不同意”的有 32 人，占总人数的 29.1%；而认为“很不同意”的有 5 人，比例为 4.5%。

第二题：询问学生对目前的英语写作水平是否满意。认为“非常满意”的有 2 人，比例为 1.8%；认为“满意”的学生人数为 13 人，占比

11.8%；认为“不确定”的有23人，比例为20.9%；觉得“不满意”的学生有50人，占比高达45.5%；最后，认为“很不满意”的有22人，比例达到20%。

第三题：是否同意“我经常用英语进行写作”。回答“非常同意”的有3人，比例为2.7%；认为“同意”的有11人，占总人数的10%；“不确定”的学生为33人，比例为30%；持“不同意”态度的有48人，比例高达43.6%；而“很不同意”的学生有15人，比例为13.6%。

第四题：调查学生在写作中的焦虑情况。题目为“我在英语写作中感到焦虑”。“非常同意”的人数为9人，比例为8.2%；“同意”的学生有47人，比例为42.7%；“不确定”者33人，占总人数的30%；持“不同意”意见的20人，比例为18.2%；“很不同意”的仅有1人，占比0.9%。

第五题：“语法知识对写作的提高很重要”。“非常同意”的有29人，占总人数的26.4%；持“同意”意见的多达64人，比例为58.2%；“不确定”者15人，比例为13.6%；“不同意”者2人，仅占比1.8%；没有人持“很不同意”的态度。

第六题：“写作文时我会先用中文组织好意思，再翻译成英文”。对于这道题目，有17人认为“非常同意”，占总人数的15.5%；多达62人持“同意”的观点，比例高达56.4%；“不确定”者19人，比例为17.3%；持“不同意”意见的占比9.1%，有10名学生；选择“很不同意”的2人，仅占比1.8%。

第七题：询问学生是否认为“将写作与阅读结合起来有利于提高写作水平”。“非常同意”的有28人，占比25.5%；持“同意”意见的人数最多，达63人，比例为57.3%；“不确定”者16人，比例为14.5%；认为“不同意”的仅3人，比例也低至2.7%；没有人“很不同意”。

除此之外，在半开放题部分还有一道针对写作方面的问题，“我写作时最大的障碍是什么”。此题为可多选题型。供学生选择的共有四个选项：词汇量不够、语法知识不足、缺乏写作技巧及其他。结果显示，有105人认为自己的词汇量不够，比例高达95.5%；80人认为自己的语法知识不足，占总人数的72.7%；认为缺乏写作技巧是自己写作时的最大障碍的有62人，比例为56.4%。而无人选择“其他”这一选项。

四、问题及对策

通过以上的答题情况，笔者认为，民族院校艺术生的写作能力主要存在以下几个问题：

首先，艺术生对英语写作兴趣不足，写作能力相对薄弱。

其次，语法知识不牢固、词汇量少、缺乏写作技巧是造成学生英语写作能力普遍低下的主要问题。

最后，汉语思维仍是阻碍学生提高写作能力的主要原因。

那么，是什么造成这种状况的呢？

笔者以为，出现目前这种情况的原因主要是艺术生的专业课占去学生大量时间，学生英语基础薄弱且对英语课重视不够。因而，他们根本无暇顾及英语学习。再加上对他们没有四、六级考试的要求。于是，他们对英语写作根本毫无兴趣，只有个别同学比较重视写作能力。

针对这种状况，笔者认为，要想提高艺术生的写作能力，主要应该从以下几方面着手：

第一，通过活跃课堂气氛，增加与学生的互动，提高他们对英语学习的兴趣。

第二，加强对学生语法知识的巩固；通过故事概括和游戏的方式，帮助学生增加英语词汇量，增强英语表达能力。

第三，通过看图说话的方式，改变学生汉语思考的思维模式。

第四，通过教学向学生传授一些必要的写作技巧，熟悉写作的常用模式和表达方式，以此提高学生的英语写作水平。

第五，通过互评的方式，让水平相当的同学互相查漏补缺，吸取对方的优点，加强互动和交流。

五、结　语

本次调查通过问卷的方式对民族院校艺术类大学生的英语应用能力进行了调查。调查采取问卷的形式，掌握了艺术类大学生的英语应用能力。从这次调查的结果来看，艺术类大学生由于缺乏兴趣、自信心不足、英语基础差、缺乏翻译知识和技巧等原因，其英语写作水平处于非常薄弱的状态。所以，此次研究在问卷调查的基础上对出现的问题提出了相应的解决方法和对策。在此笔者只是希望此次研究能够起到抛砖引玉的作用，在今后的教学过程中，笔者还将不断探索艺术类大学生的教学方法和实践，力求实现更多的突破。

参考文献

[1] Artemeva, N. , & Logie, S. *Introducing engineering students to intellectual teamwork: The teaching and practice of peer feedback in the professional communication classroom* [J] . *Language and Learning across the Disciplines*, 2002, 6: 62 -85.

[2] Badger, R. , White, G. *A Process Genre Approach to Teaching Writing. ELT Journal* [J]. 2000, 54 (2) .

[3] Bishop, W. *The subject is Writing: Essays by Teachers and Students* [M]. Portsmouth: Boyton/Cook Publishers Inc. 2003.

[4] Cho, K. , Schunn, C. D. & Charney, D. *Commenting on Writing: Typology and perceived helpfulness of comments from novice peer reviews and subject matter experts. Written communication* [J]. 2006, 23 (3): 260 -294.

[5] Danica Salazar, Isabel Verdaguer. *Polysemous Verbs and Modality in Native and Non-Native Argumentative Writing: A Corpus-Based Study. International Journal of English Studies* [M]. 2009.

[6] Daniels, H. *An introduction to Vygotsky (2nd ed)* [M]. London: Routledge. 2005.

[7] Ferris, D. & Hedgcock, J. *Teaching ESL Composition (2nd Ed)* [M]. Mahwah, NJ: Lawrence Erlbaum. 2005.

[8] John, A. *Interpersonal Assessment: Evaluating Others In Online Learning Environments.* In Roberts, Tim S. (Ed) . *Self, Peer and Group Assessment in E - Learning* [C]. London: Information Science Publishing. 2006.

[9] Jonannessen, L. R. & McCam, T. *It Can't be This Difficult: Peer Revision Activities.* In *Case You Teach English: An Interactive Casebook for Prospective and Practicing Teachers* [M]. New Jersey: Merrill Prentice Hall. 2002.

[10] Kamimura, T. *Effects of Peer Feedback on EFL Students Writers at Different Levels of English Proficiency: a Japanese Context* [J]. *TESL Canada Journal.* 2006, 23 (2): 12 -36.

[11] Lorenz, Gunter R Adjective *Intensification-learners Versus Native Speakers: A Corpus Study of Argumentative Writing* [J]. *Reference and Research Book News.* 2001, (16) .

[12] Mendonca, C. O. & Johnson, K. E. *Peer Review Negotiations: Revision Activities in ESL Writing Instruction* [J]. *TESOL Quarterly.* 1994, 28 (4): 745 -769.

[13] Min H. T. *Training Students to Become Successful Peer Reviewers* [J]. *System.* 2005, 33 (2): 293 -308.

[14] Min H. T. *The Effects of Trained Peer Review on EFL Students' Revision Types and Writing Quality* [J]. *Journal of Second Language Writing.* 2006, 15 (2): 118 -141.

[15] Parsons, L. *Revising & Editing: Using Models and Checklists to Promote Successful Writ-*

ing Experiences [M]. Ontario: Pembroke Publishers Ltd. 2001.

[16] Wen Keshan & Li Qing. *Synchronous Learning Network: How College Students Use Peer Assessment Techniques in Evaluation of Their Writing*, 参见《中国英语教学》2009 年第 6 期。

[17] Wu, Shaoqun, Ian H. Witten, Margaret Franken. *Utilizing Lexical Data from a Web-derived Corpus to Expand Productive Collocation Knowledge. ReCALL: The Journal of EUROCALL*, 2010, (22).

[18] 顾菊华:《对彝族地区大学英语写作课教学的思考》,载《楚雄师范学院学报》2005 年 第 1 期。

[19] 顾佩娅、朱敏华:《网上英语写作与项目教学法研究》,载《外语电化教学》2002 年第 6 期。

[20] 韩金龙:《英语写作教学:过程体裁教学法》,载《外语界》2001 年第 4 期。

[21] 胡玲:《论背诵输入对大一艺术学生英语写作的有效影响》,载《湖北经济学院学报》(人文社会科学版) 2011 年第 2 期。

[22] 姬梦月:《机辅同伴互评在大学英语写作中的应用》,曲阜师范大学学位论文,2009 年。

[23] 康红:《藏族大学生英语学习中常见动词错误类型及原因》,载《青海师范大学学报》(哲学社会科学版) 2009 年第 4 期。

[24] 刘立:《少数民族英语学习者语料库建设探析》,载《大连民族学院学报》2010 年第 2 期。

[25] 莫俊华:《同伴互评:提高大学生写作自主性》,载《解放军外国语学院学报》2007 年第 3 期。

[26] 石发林、陈才:《少数民族大学生英语写作教学策略研究》,载《绵阳师范学院学报》2006 年第 3 期。

[27] 谭晓晨:《中国英语学习者产出性词汇发展研究》,载《外语教学与研究》2006 年第 3 期。

[28] 万晓卉:《新疆少数民族大学生英语写作能力现状分析及对策——伊犁师范学院英语专业维吾尔族大学生个案研究》,载《伊犁师范学院学报》(社会科学版) 2009 年第 1 期。

[29] 王立非、文秋芳:《母语水平对二语写作的迁移:跨语言的理据与路径》,载《外语教学与研究》2004 年第 3 期。

[30] 王文宇、文秋芳:《母语思维与外语作文分项成绩之间的关系》,载《外语与外语教学》2002 年第 10 期。

[31] 文秋芳等:《中国大学生英语书面语中的口语化倾向——高水平英语学习者语料对比分析》,载《外语教学与研究》2003 年第 4 期。

[32] 吴红云:《大学英语写作中元认知体验现象实证研究》,载《外语与外语教学》2006 年第 3 期。

[33] 吴军莉：《以语料库为基础的网络英语写作》，载《和田师范专科学校学报》（汉文综合版）2010 年第 3 期。
[34] 谢小红：《同伴互评法在英语写作中的作用及其影响因素》，载《贵州教育学院学报》（社会科学）2009 年第 8 期。
[35] 徐洁：《关于博客技术能否促进英语专业写作教学的研究》，厦门大学学位论文，2008 年。
[36] 杨苗：《中国英语写作课教师反馈和同伴反馈对比研究》，载《现代外语》2006 年第 3 期。
[37] 杨永林等：《一种基于数字化教学理念的写作训练系统》，载《外语电化教学》2004 年第 4 期。
[38] 于飞、张慧芬：《写作教学中的“成果教学法”、“过程教学法”和“内容教学法”浅析》，载《外语界》1996 年第 3 期。
[39] 张春玲：《在英语教学中开展同伴互评的探索性研究》，载《首都经贸大学学报》2008 年第 2 期。
[40] 张立：《在 EFL 写作中中国大学生对同伴互评的认知》，载《四川外语学院学报》2008 年第 4 期。
[41] 张玉玉：《维吾尔族大学生在英语写作中中介语语法偏误分析》，载《新疆大学学报》（哲学・人文社会科学版）2008 年第 5 期。
[42] 张岩：《基于语料库的中国大学生议论文中的指示词研究》，载《外语与外语教学》2006 年第 6 期。

（作者单位：外国语学院）

现象教学法的运用及其相关思考[①]

安　静

一、现象教学法及其适用性问题

“现象教学法”（Phenomenon Method）源自北欧国家芬兰的一次课程改革。2016 年 11 月 14 日，芬兰赫尔辛基教育局正式下发通知，从当年开始到 2020 年之前，正式废除小学和中学阶段的课程式教育，转而采取实际场景主题教学。现象教学法突破了分科制教学，更加强调融科教学，把学生的认知作为教育核心，而非传授教学内容。现象教学法的最终目的在于通过课堂的引导，让学生形成自己的主见。现象教学法在我国的教学实践中有不少运用，经常可以看到相关方面的报道和文章，但明确的理论思考和教学法反思就不是很多了。在中国知网以“现象教学法”为检索词进行搜索，其中以此为主题的教学论文有 18 篇，以此为题的论文有两篇，以此为关键词的论文只有 1 篇。[②] 这些数据充分说明了现象教学法在理论层面的提升空间非常大，是值得我们研究的。就具体的教学方法而言，现象教学法的话题不再完全是由授课老师选择，学生可以直接参与话题的设置，上课首先是以学生的兴趣为主，而不是由老师掌握话语权。老师不再是站在讲台前传授知识，学生也不再只是被动地接受知识，老师要与学生一起寻找答案。我们可以由此总结现象教学法的特点，共有三个：一是打破学科的限制，尝试在综合的视野中还原历史，还原社会；二是学生的主体性地位得到充分肯定并有效地实践；三是现象教学法强调课堂与生活的有机联系。在文学与新闻传播学院，西方文学名著导读是一门经典的文学作品导读课，自 2012 年起，由笔者承担该课程的讲授工作。经过多年的积累和

---

① 本文是中央民族大学“十九大”精神研究专项课题“十九大精神指引下民族艺术教育不平衡问题及其对策研究”的阶段性成果。

② 该数据的检索时间为 2017 年 10 月 25 日。

探索，我尝试在西方文学名著导读课上采用现象法教学，收到了良好的教学效果。之所以采用现象教学法，第一是因为这门课的讲授内容适合跨学科的教学。作为社会生活的重要写照，文学作品的时间跨度和空间跨度很长，可以及至社会的各个层面，适合打破学科的界限对作品进行多维度的解读，而且跨学科也能够促进学生对作品的深入了解。第二，选修西方文学作品名著导读课的学生来自新闻、广告、文学、经济、法学、美术等不同的专业，具备相互交流、互通有无的现实条件。因此，在文学作品的导读课上利用现象教学法进行教学是可行的。第三，文学是人学，人是生活中的人，因此从人的角度出发上文学作品课，可以取得事半功倍的教学效果。在2016—2017年第二学期开设的西方文学名著导读课上，学生对教学设计、课堂的兴趣和理论实践的单项评分达到10分，课程整体评分达到95分（满分100分）以上。

二、现象教学法在西方文学名著导读课上的运用

首先，通过学生自主选题确定课堂教学内容，最大限度保证把学生的兴趣放在第一位。现象教学法实施的首要前提是课堂话题由学生自主决定，因为兴趣是最好的老师，在新媒介时代尤是如此。学生利用手机随时可以联网，如果课堂内容不能够真正吸引学生，他们完全可以自主控制视觉与思维的对象，学生的时空并不局限于现实存在的三维课堂，而是处在一个开阔的赛博空间。因此，由学生的兴趣引导课堂，这一点在西方文学名著导读的课堂上得到了完全的贯彻。文学名著导读课是一种半开放性质的选修课，是以西方文学史上最具代表性的文学名著为授课内容，从背景线索、作家简介、故事概要、经典篇章、妙语佳句、阅读指导和拓展延伸等角度进行评价解说，引领学生由点及面，一窥源远流长的西方文学概貌，使学生从整体上领悟西方文学的人文精神及其演变轨迹，体会不同社会、民族、文化和历史条件下人类丰富多彩的内心世界。本课程的主要内容就是对相关西方文学名著的思想内容和艺术特色进行讲解剖析。笔者在第一节课上先做调查，请同学写出自己最熟悉的7～10部西方文学经典名著，然后根据大家推选的名著取最大化的交集，根据课时量和选课人数的情况，精选5部作为课程将要详细讲解的作品。由于课程内容是学生自主决定，他们在研究这些名著时自然就倾注了自己的感情。对于2016年春学期开设的西方文学名著导读课，很多同学反映，由于是对自己喜欢的作品进行深入研读，所以他们对这门选修课投入的热情与必修课一样，而且主

要目标并不在于课程结束后能否得到一个高分，而在于对整个学习过程的参与和享受。

其次，展开跨学科的文本细读与文学研究，尽可能还原生活中的“现象”。“现象”在《现代汉语词典》中的释义：“事物在发展、变化中所表现的外部的形态和联系。”① 在这个定义中，“现象”强调的是“发展和变化”以及“联系”。这一点和文学作品所展现的社会现实高度契合。我们知道，一部作品不可能只是如同诗歌那样纯粹的抒情，也不可能是像散文那样单纯描写景物，更不会像思辨哲学那样高度的抽象，虽然在现代主义和后现代主义的作品中不乏《等待戈多》《秃头歌女》这样偏重哲学思考的作品，但即便在这样的作品中，也会有故事情节和人物形象，哪怕是作者刻意将人物和情节进行极简主义式的处理。而经典的文学史与文学作品教学，都离不开时代背景简介、作家生平对文学文本的影响、故事情节概述与人物形象解读等几个环节的配合。现象法教学的特殊之处在于，对这些因素在备课之初就进行整体设计，而不是单纯分板块进行介绍。具体的教学法设计环节如下：西方文学名著导读课近年来每次选课的人数大约在 40 人，笔者将这 40 名左右的同学分成了 5 个组，每组 8 个人左右，每一组负责解读一部作品。这 8 名同学一般没有完全来自同一个专业的，教师指导学生在小组展示环节之前先进行这样的准备：先问起因，作者为什么会写这样一部文学作品；再问在这部作品中，你们认为哪些人物形象或者哪些人物的哪些方面值得深入研究；最后问故事的主题，你们认为可以从哪些方面进行突破和深化？当然针对每一部具体的作品还会调整提问，但主体思路大致如此。在这些提问当中，实际包含了时代背景、作家生平等文学教学的经典板块，更为重要的是，笔者会根据小组同学的不同专业分别进行启发。例如：在《傲慢与偏见》这部作品中，班内特太太最大的心愿是将 5 个女儿嫁得风风光光，而她最小的女儿莉迪亚由于不谙世事，被猥琐势利的威科姆诱骗，几乎将整个家庭推向毁灭的边缘，不仅完全阻挡了 4 个姐姐解决终身大事的正当途径，而且让整个家庭背负了“淫奔”之名。这就涉及了当时的社会法律状况，在某一小组中，有法律系的同学选修这门课程，我启发法律专业的学生发挥特长，引导该小组从当时英国法律体系出发，带领学生理解班内特太太的无奈与无助；并且指导学生进行汇率换算，告诉学生，男主人公达西的年收入约合 3 亿元人民币，在此前

① 参见《现代汉语词典》（第六版），“现象”词条，商务印书馆 2012 年版。

提下，女主角伊丽莎白拒绝这样一位高富帅，既需要勇气，更需要智慧，因为在她拒绝达西时，她是清醒的，她并不因为他的富有而扭曲自己的灵魂；即使故事最后的结局是我们所期待的公主与王子一起幸福地生活，也是因为两个人是在充分了解自己灵魂所需与所爱的前提下结合的。对文学文本全方位跨学科的解读，更加深化了学生对故事情节和人物形象的理解，不仅是该组同学在最后的论文选题当中继续了之前的展示环节的探索，而且其他小组也对故事情节、人物形象印象深刻，课堂讨论环节时同学们发言积极踊跃，很多次笔者应同学的要求延长了课时。在现象教学法的课堂中，没有同学玩手机，做与课堂不相关的事，甚至有偶尔请假的同学表示，没能参与课堂环节非常遗憾。学生的主体地位得到了充分的保证。

最后，现象教学法主张联系现实生活，追问经典作品对当下的启示。既然要全面还原文学世界到现实世界的“现象”，那么文学与生活的联系是必须涉及的话题。现象教学法对每一部作品分两次解读，第一次是小组对文学作品的概括性学习，组长负责整体协调，组织成员根据本科培养方案从上述视角对名著展开跨学科的初步学习与熟悉。第二次是对名著的发散性解读，充分发挥不同专业学生的特长，学生可以对名著进行改编，自导自编，在课堂上进行表演；有的小组将名著内容进行移植，改变了仅仅遵循原著的表演，而是把相关情节与当下的热点节目进行结合，安排现场的提问与互动；还有的小组将文学名著与历史事件结合在一起，选择一个角度对原著进行发散性讨论，也收到了比较好的效果。经过两次展示课的实践，全班学生对文学作品已经非常熟悉，而且解读小组对作品的理解更为透彻，经过体验式的现象还原，他们常常不自觉地“入戏”，台上表演之后经常意犹未尽，与故事中的人物同喜同悲；而其他小组也会被解读小组深深感染。这样就能够引导学生深入讨论作品对当下的启示。在《堂吉诃德》一文的课堂解读中，同学们讨论理想和现实的关系，从开始对堂吉诃德的不理解变成了赞赏，纷纷表示每个人在追求理想的道路上应该执着；在课堂解读《哈姆雷特》一文时，同学们提出了各种解读的视角，联系实际来说，其实哈姆雷特并不孤独，我们对生活的选择也常常会面临两难的境地；在《安娜·卡列尼娜》的讨论中，同学们对于婚姻表达了各自的想法，我引导学生认识到安娜的悲剧所在，启发学生严肃对待婚姻，看到人生的担当与责任。由于话题“接地气”，很多学生谈道：原来文学名著离我们并不遥远，就在我们的生活当中。有毕业一两年的学生在教师节给笔者发信息时说，难忘“安娜”课堂上同学们的激情与老师的投入。

三、关于现象教学法运用的反思

首先，笔者想谈谈这门课的评分，虽然这个话题直观来看似乎和题目有一定的距离，现象教学法怎么会涉及评分的问题。评分不仅是教师对自己课程的总结，也是学生完成课程的一个重要环节。对教师而言，让学生上课有动力，评分设计科学是完成这个目标的重要保障。如果上和不上一个样，或者差不多，这对选修课来说几乎是致命的打击。因为必修课还有学分的压力，选修课在当前的评分体系中，如果不及格完全不需要重新补修，而且还可以选择其他课程，这对教师上好课、学生爱上课提出了更高的要求。从功利角度说，成绩直接关系到学生奖学金的评定，学生奖学金评定最终定音并不是几十分的差距，而取决于小数点后一位乃至后两位的分值，所以教师必须慎之又慎。西方文学名著导读课的平时成绩由出勤率、课堂回答问题情况决定，以两次课堂展示的成绩作为期中成绩，期末由该组同学集体完成一篇大论文。期中的成绩笔者建立了纵横两个方面的评分。不仅不同小组之间进行高低较量，在同一项任务之间的同学进行横向比较评分，两个成绩加权平均是这个同学的期中成绩。学生的分工大体相同，如改编的编剧、导演、主要演员、一般演员、剧务等，对不同组的同学在同一项任务之间进行比较打分是可行的。期末成绩根据论文评定一个最终成绩，每个同学有可能在此基础上有 5%～10% 的上下浮动，最大限度地保证积极参与的学生得到最充分的肯定，也尽一切可能避免对“不干活”学生的任何容忍。

其次，现象教学法需要教师投入的精力非常大。在备课阶段，要引导学生对作品进行跨学科解读，笔者经常需要请教文学专业之外的很多教师，或者查阅相关的资料文献，完全超出了一个中文专业教师的知识积累。在课程进行阶段，笔者要全程控制，不能拖延哪怕一节课，绝对不能出现一次课上不完拖到下节课的现象，因为现象教学法需要在开学第一节课对整个一学期的课做出完整规划，一个小组的拖延势必影响到下一组的进度。跨专业选修，各个专业的学生都有，调课再次安排全班同学集中到一起是一件非常困难的事。此外，还要做好教学记录，保证打分的公平。在学生展示结束之后，每一组的论文笔者要带领学生设定大纲，调整结构，每一篇文章的字数都要求在 1 万字以上，在大学一年级每个小组都要完成这样一篇大论文，离开教师的指导是不可能的。当然，这样做的结果是非常好的，很多学生表示，能够在一年级由教师引导，学习论文写作的方法，而且由教师带领对论文提纲、结构、语言等方面的内容进行细致修改，对日后学习以及学生项目的申报启发良多。现象教学法除了要求教师努力之外，还要求其有足够的预见能力，因为课堂是开放的，学生可能提出各种问题，除了文本解读之外，每当联系生活实际进行探讨时，“95 后”学生的思想感情与“80 后”的笔者存在不少差异，因此，西方文学名著导读课的准备几乎是随时随地，笔者通过书籍、网络，特别是新媒体尽可能了解学生所想所需。最后笔者想说的是，“累，并快乐着”这句话特别适合西方文学名著导读的课堂。笔者在讲台上能够真切地感受到全班同学对课堂用心的投入，他们的眼睛里闪烁着对知识的渴望，对未来人生的期待，对教师的信任和爱戴。笔者曾在课堂上有过很多次的激动感慨，仿佛又回到自己的大学时代，那份美好，无法言说。

最后，现象教学法比较适合选修课。在外国文学史这门必修课上，全盘复制的可能性不大。现象教学法的跨学科教学要求，决定了它的课堂非常开放，可能会涉及社会的各个层面，学生在课堂上讨论的话题面也非常广泛。一个学期的总课时为 36 课时，留给学生展示的课时达到 20 课时，分配到每一部作品的有效课时是 4 课时，这对专业必修课来说是非常奢侈而不可能实现的。目前，外国文学史课一学期的有效课时也是 36 课时，然而其要求掌握的教学作品达到 9 部，此外还有文学思潮、影响深远的文艺批评与文艺理论，学生只能一个学期集中精力排演一部最感兴趣的作品，或者分小组主讲一部作品，要想实现西方文学名著导读课上的课外视频拓展、对每一部作品进行教学剧展演也是不可能的。在实际教学过程中，笔者会安排一到两次教学剧排演，五次左右的课堂讨论，用以拓宽学生视野，其他则以小作业、课堂随堂测验等相对短小的形式检查学生的学习状况，提高学生学习兴趣。另外，必修课还有闭卷考试的压力，也需要相当的课时带领学生复习，梳理重点难点，帮助学生尽快掌握考试所需知识点。同时，对于外国文学史课程的考试，在教研室集体备课、集体出题时，也多引导学生“从任意角度”阐释某个人物形象、某个故事细节或者作品主题，尽可能给学生开放的空间。

（作者单位：文学与新闻传播学院）

“生态工程”课程教学思考

石 莎

一、生态工程背景与特点

生态工程是应用自然生态系统原理，通过与自然环境合作，进行的对人类社会和自然环境双方都有利的复合生态系统设计的一门工程类学科，是随着环境恶化和可持续发展理论逐步发展起来的一门新兴学科，涉及农业、林业、牧业、荒漠化恢复、环境治理、城市规划、大区域功能设计等内容，具有广阔的运用前景。尤其是党的十九大做出了大力推进生态文明建设的战略决策，更是凸显了这门学科在我国现阶段的重要地位。

生态工程针对“自然—社会—经济”的“广义生态系统”，力求以最小的代价获得最大效益。它是一种理念，更是一种方法的集成：这种理念不仅仅是自然科学范畴的生态学理论，还需要将其放入人文视野中，把生态学原理放入社会学、人类学、经济学的大背景下，以人为本；同时它又是方法的集成，集成就涉及政策法规、机械、生物、物理、化学等多种方法的适当整合。其中，强调方法要与实践相结合，并且将方法作为检验理论的标准。因此，生态工程体现了文、理、工知识的有效结合，具有以人为本、注重理论、落脚运用的多重特征。

二、教学思路

根据生态工程的重要地位和特征，将其设置为生态学专业的必修课程，授课对象是生态学专业三年级学生，具备一定的生态学、生理生态学、微生物学、环境地学等相关理论基础和实习经验。通过本课程的学习，使学生了解有关生态工程的理论与技术；在了解“自然—社会—经济”广义生态系统原理的基础上，注重掌握原理与实际应用的结合方式；通过资料搜集、实地调研和观测等方法，分析、讨论受损生态系统存在的问题，提出切实可行的解决对策体系。与此同时，注重激发和培养学生的创新思维。因此，生态工程课程教学可以从教师教学方式、学生参与方式、成绩评定体系等方面进行设计。

三、教师教学方式

（一）人文视野下的生态工程原理

生态工程的目的是服务于人，所以始终脱离不了人文环境，而其中的“生态”一词早已脱离了单一生态学的学科束缚，脱颖而出，形成了一种生态文化，渗透到我们生活的每一个角落。[①] 不同于传统生态学的研究对象——自然生态系统，生态工程要针对“人工—自然”的复合复杂生态系统。所以在教学时不仅要强调传统的自然生态学理论，而且要综合考虑社会、经济和文化背景，引入经济成本核算、风险评估、小区域社会状况，以及民族传统文化等背景知识。比如，在讲述内蒙古自治区生态移民工程时，就涉及我国干旱、半干旱地区自然植被组成、结构状况，草地生态系统物质、能量系统循环，当地农业、牧业交错的社会生产方式、草地承载力的估算，并据此提出合理草场恢复及放牧模式、移民经济成本及生态效益的核算、区域社会经济结构调整、草地承包，调动个人的管理积极性，以及当地农牧民对移民的接受程度等内容。同时，在少数民族地区还需要考虑到尊重当地民族的饮食、祭祀等传统文化习俗。总之，学生要在头脑中树立这样的观念：在进行生态工程建设时，不仅要考虑到自然生态系统的规律，更重要的是，还要考虑到经济和社会影响力，以及社会习惯、法律制度等对生态工程建设的影响。

（二）运用经典案例开展课堂教学

在课堂教学过程中，为突出教学重点，强化学生对知识的理解，可以基于理论和实际应用情况设计教学方案，通过对经典案例的合理运用，提高课堂教学的丰富性和生动性，引导学生深入理解相关知识，提升课堂教

---

① 包国章、金祥雷、刘南、丁雪梅：《“人文视野中的生态学”在线课程教学实践与探索》，载《中国大学教学》2016 年第 1 期。

学质量。[①] 所以，用案例引出对原理的学习，再利用原理分析讨论案例问题的解决方法，是有效的教学方式。例如：为什么樟子松林的松毛虫会肆虐，几十亿株松树会毁于一旦，而珊瑚礁区却能够在养分稀少的深海中，保持着很高的生物多样性？通过以上正反两面的实例，你能得出怎样的结论？你认为生物多样性的破坏有人为因素吗？从植树造林中出现的不注意多样性的问题，引出对物种多样性原理的学习，在此基础上再了解珊瑚礁生态系统的多样性特点，鼓励学生为当地植树造林设计生态工程方案。[②]

（三）结合生活中发生的事件开展教学

在课堂教学中，抓住发生在身边的问题设置科学合理的案例，有助于提升学生的积极性，引导学生主动参与到课堂学习中。例如：我国的计划生育与二孩政策，就是将种群生态学中的种群增长率计算公式，运用到人口数量调整中的生态工程实例。人的种群的增长率 $r = \ln R_0/T$，其中 R_0 表示世代增殖率；T 表示世代时间，即子代从母体出生到子代再产生子代的平均时间。[③] 要控制人口数量使 r 值变小，有两条途径：第一，降低 R_0 值，即使世代增殖率降低，转换为具体的工程实施方法就是限制每对夫妇的子女数，只生一个好。第二，使 T 值增大，即可以通过推迟首次生殖时间实现，转换为工程实施方法就是晚婚晚育。20 世纪 70 年代的计划生育政策对中国经济社会发展起到了不可忽视的保障和促进作用，而 2013 年的二孩开放政策，则是通过适当增加 R_0 值逐步调整人口数量和人口年龄结构，以期适应我国社会和经济发展的需要。当代大学生基本是出生在计划生育时代的独生子女，也有部分家庭喜添新成员，结合学生身边事件设计案例，挖掘其中蕴含的生态工程学知识，能有效地提高他们的学习兴趣。所以在案例的选择方面也对教育工作者提出了新的要求。

（四）教学重点围绕学生关注的就业前景

在本科教育中，学生的平均年龄在 20 岁左右，他们正处于思维极度活跃的时期，我们要去了解他们眼中的世界，抓住他们关心的问题，让他们了解学习的目的和意义，并学以致用。针对当代大学生普遍关注的就业问

---

① 李鹂、袁志忠：《案例教学法在生态学教学中的实施初探》，载《新西部旬刊》2012 年第 4 期。

② 朱巧云：《生态工程的基本原理》教案设计，http：//www. docin. com/p－1591943021. html.

③ 杨持：《生态学》，高等教育出版社 2008 年版。

题，将生态工程课程内容与他们的就业方向联系起来，极大地提升了课程吸引力。例如：桑基鱼田模式、林下生态养殖模式、农林牧复合经济系统模式能为越来越多的大学生村干部创业开阔思路；城市生态工程是当今市政工作者们重要的工作基础；土地生态工程和区域生态工程与区域功能规划紧密相连。不仅如此，还引入本专业毕业生的生态工程实际创业案例，讲述他们遇到的实际困难，解决问题的思路、方法，并对这些问题进一步进行剖析和解读，增加课程的生动性和时效性。总之，只有充分了解学生的想法和其关注的重点，我们才能把握合适的施教方式和时机，达到预期的教学效果。

四、学生参与方式

（一）课堂讨论

为了发挥学生在课堂上的主体地位，充分调动学生在学习中的主观能动性，生态工程学在教学过程中设置了课堂讨论环节。将学习的主动权交给学生，让他们就当今的一些社会热点问题展开分组讨论，在此列举学生耳熟能详的圆明园湖底防渗工程、我国“三北”防护林工程、“南水北调”工程等作为讨论主题。之后，结合生态工程原理与方法，让学生进一步分析和讨论，并向全班进行汇报，最后再由教师进行点评和补充讲解。通过学生的课堂讨论与反思，及时引导他们抓住案例本质，揭示其内部特征，把案例中的内容与相应的生态工程学理论、方法结合起来，找出案例与理论之间的联系，促进生态学理论在工程中的应用。这样不仅能了解学生对知识点的掌握情况，有针对性地进行强化，对不正确的认识进行纠正，还能大幅提高学习效率，达到启发思维、增加参与度、调动积极性的效果。①

（二）实践参与

工程教育要始终坚持面向工程实践。在经过一定的理论学习后，案例分析有助于学生对基础理论知识的理解，巩固所学的知识，而实践则能让

① 卢芸：《课堂讨论教学法的认识与实践》，载《武汉金融高等专科学校学报》2001年第6期。

学生将理论知识与现实融会贯通，摆脱死记硬背，克服死板的思维方式①，所以实习也是生态工程教学的重要组成部分。为此，我们设计开展了燕山石化牛口峪生态污水处理厂的参观见习活动，让学生实地了解和感受生态工程方法在污水处理方面的成功运用；在崇礼与沽源的生态实习，则让学生实地观测到不同类型生态系统的特点，了解当地植树造林和森林生态系统恢复措施，以及不合理灌溉引发的土壤盐渍化、生态系统脆弱等生态环境问题。通过整理实习报告的方法，学以致用，针对发生在身边的河流污染、生活垃圾、植被破坏等生态问题，寻找问题根源，并结合当地社会状况、经济条件，利用相关的生态学原理和技术，尝试设计一套治理方案，提出行之有效的解决措施。通过实践参与，学生在头脑中可以形成一套理论与实际相结合的具体、完整的体系。

（三）项目参与

借助学校的社会实践项目、大学生创新项目和自己承担的科研项目，对部分基础好、兴趣浓厚的学生实施研究型教学。将科研项目进行分解，把任务和指标按难度分成不同层次，各有侧重，结合学生自身素质及特点进行分配。例如：在我国干旱、半干旱地区荒漠化治理与恢复的问题上，设立区域自然状况、社会状况及生态问题调查等社会实践项目和生态监测、生态恢复与重建植物种类筛选等创新项目，鼓励学生积极参与其中。这样"一对多"形式的项目设置不仅可以有效提升学生对知识的整体把握和应用能力，还能将学生的学习、实践和研究有机地结合起来，实现在学习中研究，在研究中提升，充分发挥学生的能动性，以达到自主发现、研究和解决问题的目的，有助于学生对知识的探索与传承。

五、建立科学的成绩评定指标体系

课程成绩评定方式是学生关注的重要部分，良好的成绩评定体系不仅能全面反映学生的综合素质，还能充分调动学生的积极性，是教学中不容忽视的环节。对学生的考核方式要能体现学生对知识的掌握情况，做到公平公正。生态工程是一门应用性比较强的学科，应做到活学活用，除了基

---

① 李晓衡、谢四平：《论实践教学法在高校"两课"教学中的运用》，载《思想理论教育导刊》2003 年第 7 期；王振威、许佳：《实践教学法在本科教学中的应用实践研究》，载《中国市场》2016 年第 10 期。

础理论知识的掌握，还应注重学生对知识的应用情况。结合课程的教学方式，本课程的成绩评定指标体系由平时成绩（10%）、课堂讨论（20%）、课程实践（20%）、期末考试（50%）四部分构成，以全面、准确地反映学生的综合素质，在一定程度上改变了学生为了考试而学习的思维方式。

在生态工程学本科教育中，我们一方面重视学生的能力培养，将学生学习、实践和研究有机结合起来，充分发挥学生的参与性和积极主动性，以达到自主发现、研究和解决问题的目的。另一方面，作为一名生态工程学教育者，我们自身也需要做一个创新型的施教者，具有创客精神，根据学生的诉求，积极主动地开发自己的教学手段和教学模式，开创 DIY 课堂，引领生态学工程教育新风尚。

参 考 文 献

[1] 盛连喜：《实用生态工程学》，高等教育出版社 2005 年版。

[2] 包国章、金祥雷、刘南、丁雪梅：《“人文视野中的生态学”在线课程教学实践与探索》，载《中国大学教学》2016 年第 1 期。

[3] 李鹂、袁志忠：《案例教学法在生态学教学中的实施初探》，载《新西部旬刊》2012 年第 4 期。

[4] 朱巧云：《生态工程的基本原理》教案设计，http：//www. docin. com/p－1591943021. html.

[5] 杨持：《生态学》，高等教育出版社 2008 年版。

[6] 卢芸：《课堂讨论教学法的认识与实践》，载《武汉金融高等专科学校学报》2001 年第 6 期。

[7] 李晓衡、谢四平：《论实践教学法在高校“两课”教学中的运用》，载《思想理论教育导刊》2003 年第 7 期。

[8] 王振威、许佳：《实践教学法在本科教学中的应用实践研究》，载《中国市场》2016 年第 10 期。

（作者单位：生命与环境科学学院）

绘本入课堂，润心细无声[①]

——论中央民族大学心理健康教育课程教学创新

马文洁　张阳阳

一、独特的教学内容结构

（一）绘本与生命教育是什么

“绘本与生命教育”是中央民族大学心理健康教育与咨询中心为了探索大学生心理健康教育新的载体而开设的一门公选课程，课程使用绘本进行教学。学生通过阅读绘本，交流分享，产生共鸣，优化心灵。第一节课的时候，老师向全班同学提问：“为什么选择这门课?”请每个人写出对这门课的想法及内心的期待。有些同学说自己选择这门课是因为对心理学感兴趣；有些同学是因为喜欢绘本；有些同学是因为热爱画画；还有些同学是因为好奇：为什么大学生还需要读绘本？尽管大家选修这门课程的原因各不相同，但可以确定的是每个同学对这门课程都有着自己的想法和期待。大学生心理健康课程在我校大一新生中全面展开已有五个学年。这五年中，心理健康基本常识在同学们中间得到了很好的普及，但是从同学们的想法和期待来看，大家对心理健康课堂的生动性、体验性和深刻性还有很多期待。应当如何突破心理健康课程的教育瓶颈？绘本就是一个很好的载体。在绘本中，画面是叙事的重要主体，文字是叙事的点睛之笔，通常用一个短小、抽象、写意的故事，就能够唤起读者深刻的情绪体验。将绘本运用在心理健康教育中，可以充分发挥其体验性优势。

① 本文为 2017 年中央民族大学思想政治教育项目创新类课题“绘本在大学生心理健康教育中的运用”的阶段性成果之一。

（二）课程开设的意义

一本好的绘本，能让大人和孩子产生共鸣。不仅小孩能看到自己想看的，感到开心，大人也能从中看到自己想看的。好的绘本值得反复阅读和回味，这是因为每个人在不同的环境下会对同一个故事有着不同的感觉。笔者以前一直觉得绘本是给孩子读的，因为孩子的识字量较少，所以需要看这样的图画，而大学生明明可以看懂文字，阅读文字版的故事难道不是更简洁明了吗？但当真正读完绘本《猜猜我有多爱你》的时候，笔者的心真的柔软了起来，同学们用温暖、感动、泪目、亲情等来形容这个故事。读完大兔子最后的那句“我爱你从这里到月亮，再从月亮上回到这里这么多”，我的眼睛湿润了起来。一切的长度、高度、宽度都没有这句温软的话那么有穿透力，感觉自己被爱包围。触动每个人的共鸣的点可能有所不同，但爱可以穿透心灵，融化所有的坚强和冷漠。这本书让人感受到了爱，同学们不由自主地像书里的小兔子一样认真比画着对别人的爱，想把心中的爱传达出去。这就是绘本的魔力，它跨越时空，跨越年龄，跨越性别，将某种情感传达出来。

（三）普及心理保健知识，对自我、亲情、友情、爱情、生死有更深层次的理解

这门课没有固定的课本，绘本就是课本，每一本绘本所要传达的思想都是多方面的。总体来说，课程主要围绕自我、亲情、友情、爱情、生命这五个方面展开，每两节课围绕一个主题，老师提前选择好合适的绘本供同学们课上阅读。在亲情的主题下，大家一起阅读了《逃家小兔》《驴小弟变石头》《猜猜我有多爱你》《团圆》；在爱情的主题下，我们一起阅读了《好好照顾我的花》《失落的一角——遇见圆满》《最完美的王子》等。自我、亲情、爱情、友情、生死这都是人生不可或缺的部分，也是生命中最宝贵的主题，将五个方面串起来就是完整的生命历程。阅读绘本，令同学们更好地感悟人生中的这些部分，对自我、亲情、友情、爱情、生命有更深层次的理解。

二、与众不同的课堂形式

（一）以互动型、参与型为主的教学新模式

不同于一般课堂的“老师讲，学生听”的模式，“绘本与生命教育”

这门课的学生参与度非常高。课堂不再是老师的“独角戏”，学生也不再是“低头族”，真正成了课堂的主角。

课上，有时候全班共读一本绘本；有时候是分成4个小组，每个小组共读一本绘本，然后以不同的方式演绎出来。在共读《咕叽咕叽》时，我们小组成员都深深喜欢上了这个简单却寓意深刻的故事。于是，在分享这个故事的时候，我们决定进行角色扮演，以演出的方式把这个故事展现给其他组观看。小组里五名同学分别出演书中“咕叽咕叽”、鸭妈妈、坏鳄鱼等角色。我们本以为自己无法在课堂上手舞足蹈地演一只动物，幼稚地说着“童言童语”，但真正参与进去后，每个人都很享受这个过程，看着“观众”的笑脸，体会着角色的喜怒哀乐，那是种奇妙而独特的感受。

不少同学还通过这种角色扮演的方式发现了自己的另一面。表演前，同学们大部分都是正襟危坐的淑女、绅士，谁也想不到“放飞自我”后，每个人的内心都住着一个小孩子，不禁感叹道：“啊，我竟然还可以这样！”每个人的潜力都是无限的，之前笔者也羞涩于展现自己夸张的一面，觉得这是一种“丑态”。但在表演中，笔者发现夸张的动作和语气恰巧能够吸引“观众”的眼球，不仅能调动他人的兴趣，给大家带来快乐；自己也处于一个很自然、愉悦的状态。通过角色扮演，每个人都能够深深融入角色中，不仅能体验不同角色状态下的情感，培养自己共情的能力；还能扩展学生心理健康思维视角，拥抱一个全新的自我。

（二）启发型教学过程的新理念

“绘本与生命教育”这门课氛围轻松，它甚至都不像一门课程，而像一场愉悦的读书会：每周五的午后2点，伴随着优美的轻音乐，大家共读绘本，交流感受，老师和同学之间是平等的，每个人既是分享者又是聆听者。老师在分享中渗透心理素质教育，优化学生心理素质；学生在聆听、分享过程中打开心结，释放情绪。

每个人的成长过程中都会有很多甜蜜的记忆，也必然有过负面情绪。我们将最美的回忆、最开心的时光珍藏；同样，有些负面情绪并不是随着成长就烟消云散了，只不过我们将它压在心中的某一个角落，似乎漠视它，不去触碰它，它就不曾存在过。但事实上，对于年少时的很多负面情绪，我们从未忘记过，也从未摆脱过，我们甚至缺少直面这些情绪的勇气。但好的绘本作品能直面这些情绪，能触摸人心中最柔软的那个地方，人因此也愿意渐渐敞开心扉，分享自己心中最私密的那一部分情绪：不仅是快乐、幸福，也有遗憾、痛苦、脆弱。

每个人的心里都有一道墙，随着年龄的增长，我们的心墙似乎越来越厚，很多情感和最私密的故事都从未被分享。“绘本与生命教育”这门课就似心墙上的一扇窗，打开这扇窗时就会闻到沁人的芬芳。

（三）实效性与趣味性相结合的心理训练

本课程有个非常创新和有趣的环节：全班一起创作一本绘本。一本空白绘本在全班同学间“漂流”，每个人都要发挥自己的想象，一起完成这本绘本。每个人都在涂涂抹抹间画出了属于自己的故事，也许每个人想表达的情感都不一样，但组合起来一定是个很奇妙很有趣的故事。

没有任何要求、束缚，一切都是全新和未知的，谁也不知道这本绘本呈现的将是一个怎样的故事。绘本漂流到笔者这儿的时候，只画了不多的几页。我看到第一个同学画的是一个男孩子于半夜离开家，后面陆续有同学不断在他的行程中插入一些新的因素，比如路上令人流连忘返的鲜花、一场说来就来的暴雨、一双默默注视男孩行程的眼睛、一条突然蹿出的蛇……不知道这个绘本中的男孩最终会走向何方？他到底是在闲逛还是追寻？这个故事的主题也许是关于独自旅行的勇气；也许是关于理想；也许是一段奇遇；也许是看尽风景后回到家中，重新定义“幸福”。我们一方面是读者，一方面也是创作者。创新思维的火花碰撞，未知因素的不断加入，让绘本一点点地丰富生动了起来，变成了一个全新有趣的故事。

老师通过引导学生进行心理健康创新思维实践活动，打开影响学生心理健康的枷锁。同时借助绘本教育的美学价值，不断增强完善大学生的素质人格，挖掘发展大学生的创新能力，充分培养大学生的发散性思维，唤醒学生心中的爱与责任，并使其将爱永驻心间。

三、丰硕的教学成果

（一）分享过程、释放压力

课堂充满了自主性和开放性，学生参与度高，成为课堂真正主角，学生对绘本的理解无绝对的对与错，最珍贵的是分享的过程，轻松而有收获。别的课堂举手回答问题的同学可能寥寥无几，但是“绘本与生命教育”课堂上回答问题，最后都是因为时间原因有些同学还没有分享、表达完自己不同的理解和不同的认知视角。课堂上，同学们分享着自己的内心情感，促进自己与同学、老师的沟通交流。学生参与讨论分享的过程，就类似“舒经活络”的“体操”，使人舒心沉醉的同时，自我减压，实现自我超脱，心理的压力得到有效释放。

（二）认清自我、美化心灵

心理健康的教育本来就是润物细无声，如果非要把心理健康作为一门课程去教授学生，可能会略显“生硬”，学生也会觉得有压力。“绘本与生命教育”是心理健康教育的另一种方式，相比传统的说教，学生更容易接受这种“润物细无声”的授课方式，也能获得更好的教学成果。

听着音乐，细细地欣赏绘本，学生心情愉悦，非常享受这个过程。每个人都愿意打开心扉，分享自己独特的经历或者内心最柔软的部分：回忆一段美好的经历，让美好珍藏；说出自己内心的焦虑，释放负能量；通过不同形式的交流，学会分享自己的经历和情感……阅读绘本的过程也是一个感受美的过程，老师的引导也会让学生认清自我，追求和向往美好生活与理想；更加珍惜生命中的亲情、爱情、友情；美化心灵，坚定对“真善美”的追求。

（三）激发动力、健心导行

老师在课堂上讲到，每个人都是阳光的种子，自我成长，传播着正能量。通过学习这门课程，学生不仅“健心”，对自我、亲情、爱情、友情、生死都有更深刻的看法，自己获得成长；同时也“导行”，学生也会以更积极的生活态度去影响自己的亲人、爱人、朋友乃至陌生人。

班里某个同学读完绘本《猜猜我有多爱你》后，在分享的时候说道：“等我有孩子了，我也会带着他（她）一遍遍地读《猜猜我有多爱你》；我也愿意一次次伸长手臂，比画着爱的长度；在他（她）睡着时，轻轻卧在他（她）的身边，说‘我爱你’。”

四、对今后课程的期待及建议

（一）从文字回归到图画

绘本的简单不代表平凡，好的绘本从色彩到构图、文字无一不透露着作者的匠心。它用精练的文字和生动的图画构筑出一个跌宕起伏的故事。大部分大学生对文字的关注度会超过图片。学生刚接触绘本时，可能不由自主地会把关注的焦点放在文字上，对于绘本图画的关注度并不高，那么这就需要老师引导学生把关注点从文字回归到图画，正确地阅读绘本，在作者精心处理的地方要提示学生多加关注。

比如《野兽国》这本书，笔者第一次阅读的时候，3 分钟就“翻”完了，我以为它只是一个关于“熊孩子”离家出走的故事。而在老师的提醒下，经过反复地品读，才体会到了作者的匠心，认识到好的绘本在图画叙事上的力量：开始主人公迈克斯胡闹的图画只是一个小小的方框，每一页画幅都在变大，直到迈克斯作为野兽之王带领野兽狂欢的时候，画幅是撑满的，这也象征着迈克斯压抑的情绪在一点点释放，最终又逐渐回归平静。更隐晦的是，图画中，迈克斯头戴王冠，手持权杖，骑在一头长着人脚的牛头野兽身上。其他的野兽都是尖牙利爪，只有这头牛头野兽，却长着一双人的脚，这是为什么呢？因为这头野兽象征的是迈克斯的父亲，孩子只可能骑在自己父亲的身上。即使迈克斯在幻想的世界与野兽抗争，他也需要父亲宽厚的肩背带来的安全感……

好的绘本是需要人细细品味的。如果只是粗犷地“一扫而光”，没有细细地在绘本上停留，那么你就无法发现绘本的有趣，体会作者的匠心。这就需要老师的耐心引导与点拨，让同学们能于细微处发现绘本的美。

（二）适当扩大课容量

目前“绘本与生命教育”采用小班制授课，课容量只有 20 人。但这门课值得更多学生来选修，也有更多同学想体验这门全新的课程，所以未来希望能将课容量增大，让更多的同学有机会选修这门课。

课容量的增大，一方面意味着更多的同学可以参与进来，一方面又意味着每个人的分享、交流的时间会减少，如何令课容量和课堂质量保持平衡，是值得老师考虑的一个问题。

（三）推行“互联网 +”教育新模式

不同主题下所涵盖的绘本非常丰富，但因为绘本数量有限，无法做到每个人在课堂上都能看到纸质的绘本。推行“互联网 +”教育新模式，创建微信平台载体，在平台上分享课堂上需要阅读的绘本，作为对课堂的补充，这样就不用担心绘本数量不够，学生因轮流传阅而阅读不细致的问题。

五、结 语

绘本入课堂，润心细无声。“绘本与生命教育”不仅仅是一门课程，更是一段心灵成长的记录。它记录学生、老师共同成长的过程。作为学生，笔者更愿意把“绘本与生命教育”当作一段轻松愉悦的时光，一段对美的认知，是让眼睛享受、让心灵愉悦、让精神提升的美妙体验。真正好的教育本是润心细无声的，真正“健心”的课程也应于细微处带给人们无数的感动。

（作者单位：心理健康教育与咨询中心、法学院）

基于语料库的藏族大学生英语写作诊断研究①

胥 云

一、引 言

藏族大学生由于受到民族语言、认知方式、民族地区英语教育水平的影响，在英语写作的总体水平以及词汇、语法的掌握情况方面呈现出很大的差异性，统一的教学方法和进度很难满足不同水平学生的个体需求。因此，在藏族大学生入学之初，教师需要对他们的英语写作能力进行诊断测试，发现学生现存问题，及时纠正并加以巩固，防止这些错误石化（fossilization），在今后的写作中反复出现，成为长期保持不变的顽固性错误，导致写作水平停滞不前。②

本研究尝试着建立少数民族学生英语写作语料库，基于藏族学生的真实语料对其英语写作中的词法和句法问题进行诊断研究，发现藏族大学生这一群体普遍显现出来的问题及每个学生个体存在的问题，在准确诊断的基础上有针对性地给予补救、纠正，有效提高其英语写作水平。

二、研究设计

本研究专注于非英语专业藏族大学生的英语写作中存在哪些词法和句法方面的问题。本研究的数据来自笔者建立的少数民族大学生英语写作语料库，该语料库目前包含中央民族大学英语专业学生的笔头语料 310 篇，

① 本文是 2016 年中央民族大学校级自主科研项目“基于自建语料库的少数民族大学生英语写作认知诊断研究”的阶段性成果。

② 赵萱：《中介语石化现象与中介语心理认知机制浅探》，载《外语与外语教学》2006 年第 3 期。

非英语专业语料 190 篇。语料采集对象主要包括汉族、蒙古族、维吾尔族、藏族和朝鲜族学生，目前该语料库还在继续建设中，逐渐会有更多的语料被纳入进来。

本研究的数据来源于该语料库下属的一个子语料库，即非英语专业藏族大学生语料库，其中 42 篇语料全部来自蒙藏学院的一年级藏族学生。他们的第一语言为藏语，基本从初中一年级才开始学习英语，英语老师的授课语言为汉语。与其他专业的藏族学生不同的是，这些学生在高考中使用藏语答卷，而非汉语，但是他们中大部分人可以说流利的汉语。语料的采集时间是在他们进入大学后的第一个月，作文题目是“An unforgettable experience”，体裁是记叙文。

作文收集上来后，经过整理、录入，最后进行计算机自动标注和手工标注。计算机自动标注使用的是 CLAWS7 词性符码器，该词性符码器的准确性经测试可达到 96%。[①] 因为目前该词性符码器无法识别语料中的错误，所以学生作文中的错误由手工标注完成。手工标注的编码方案参考了剑桥考试中心的英语学习者语料库的编码方案[②]，如表 1 和表 2 所示（见第 36 页），该方案包括两个层级，表格左列表示的是第一层级，即大的错误类型，如冠词、代词、介词和连词错误等；第二层级表示的是进一步细化的错误类型，包括三大类错误，即冗余（unnecessary）、缺失（missing）和需要替换（replacing），在标注时分别用 U、M 和 R 表示。例如：PRE 代表介词，则 PREU 代表介词冗余，即在不需要使用介词的地方使用了介词；PREM 则代表介词缺失，即在需要使用介词时没有使用介词；PRER 代表介词需要替换，即虽然在该使用介词时使用了介词，但是使用了错误的介词，需要改成正确的介词。

按照这一编码方案，手工标注工作由两名编码员共同完成，为检验标注的信度，语料库建设完成后抽取所有样本的 10% 由两名编码员同时进行标注，然后检查两人标注的一致性，结果显示两位编码员编码的结果完全一致的百分比为 92%，具有较高的信度。语料库建设完成后，数据的提取主要通过 PatCount 软件和 AntConc 软件完成（如下图所示）。

---

① 梁茂成、李文中、许家金：《语料库应用教程》，外语教学与研究出版社 2010 年版。

② Salamoura, A., & Saville, N. Criterial features of English across the CEFR levels: evidence from the English Profile Programme. *Research Notes*, 2009, 37, Cambridge: Cambridge ESOL. Salamoura, A., & Saville, N. Exemplifying the CEFR: criterial features of written learner English from the English Profile Programme. *EUROSLA Monographs series*, 2010, 1, 101 – 132.

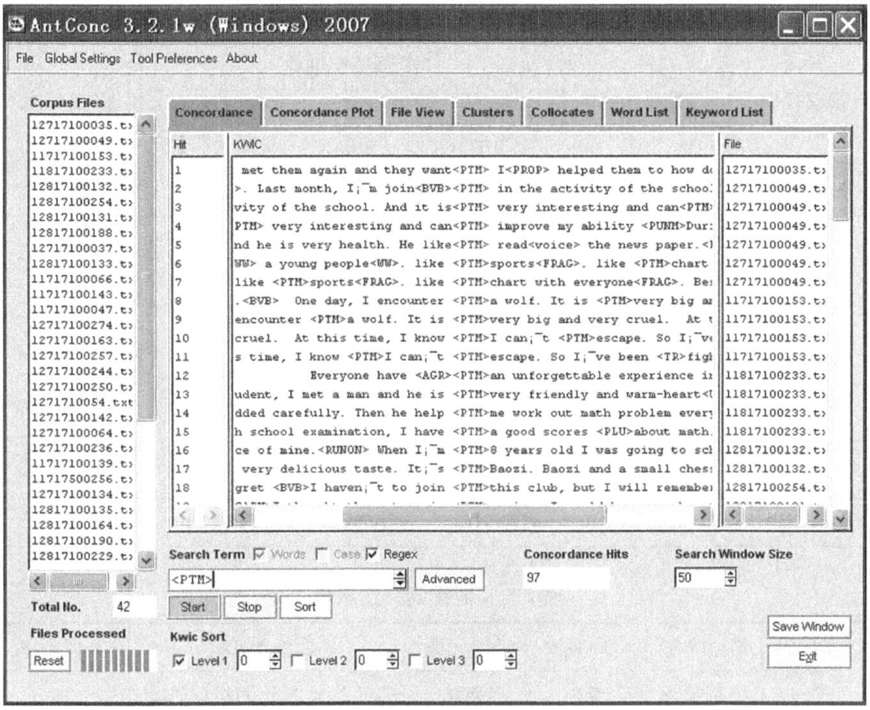

使用 AntConc 软件提取过去时缺失错误图

三、基于语料库的发现及讨论

有问卷调查显示，65% 的藏族学生反映语法是他们英语学习中最困难的部分。① 本研究对语料库中藏族大学生写作时出现的各种词法和句法错误进行了统计和整理。从表 1 和表 2 中可以看出，藏族大学生的产出性语言中错误类型多、出错频率高，严重影响意义的表达。这里笔者主要对藏族大学生这个群体普遍存在的几种错误类型进行重点分析。

---

① 向晓红、杜洪波、贾黎、程静梅：《藏族女学生英语学习难点剖析》，载《西南民族大学学报》（人文社科版）2005 年第 3 期。

表 1 语料库错误标注编码方案及错误频率

错误代码	错误类型	错误类型细化			出现频率
		U（冗余）	M（缺失）	R（需要替换）	
PT	过去时错误	PTU	PTM	PTR	109
PUN	标点符号错误	PUNU	PUNM	PUNR	51
CAP	大小写错误	CAPU	CAPM		46
AR	冠词错误	ARU	ARM	ARR	35
PRO	代词错误	PROU	PROM	PROR	23
PL	单复数错误	PLU	PLM		18
PRE	介词错误	PREU	PREM	PRER	16
CONJ	连词错误	CONJU	CONJM	CONJR	5

表 2 其他错误标注编码

错误代码	错误类型	出现频率	错误代码	错误类型	出现频率
SP	拼写错误	90	BVB	动词与实意动词错误连用	26
FRAG	句子片段	64	AGR	主谓一致错误	17
WW	词性错误	39	T	时态错误	17
RUNON	不断句	37	CVB	动词或动词短语错误连用	8
AWK	表意不清	17	WO	语序错误	5

（一）动词的屈折变化

从表 1 中可以看出，各种错误中频率最高的是过去时错误，出现频率高达 109 次。三种细化后的错误中又以过去时缺失最多，即学生在很多情况下应该使用动词过去式时忘记变位，使用了动词原型，如例 1 和例 2。

例 1：One day，I *encounter*（encountered） a wolf. It *is*（was） very big and very cruel.

例 2：That night he *help*（helped） me work out the math problems.

动词的过去时变位问题是中国英语学习者普遍存在的问题，主要是因为汉语中动词并没有屈折变化，过去时态并不体现在动词本身，而是通过时间状语来表现，汉语动词并没有过去式。因此，过去时缺失的问题在英语专业学生语料库中也普遍存在。由于藏族学生作文的题目是记述过去发生的一件难忘的事，通篇几乎所有的动词都要用到过去时态，平均每人每篇两次过去时缺失的频率并不高，甚至比同年级的英语专业学生语料库中发现的过去时缺失频率还要低，考虑到这些藏族学生的整体英语水平普遍较低，这样的结果已经比较理想。这可能是因为同汉语不同，藏语的动词也有时态变化。在藏语中，一部分动词也有现在时、过去时和将来时三种时态（并非所有动词都有）[①]，如动词“卖”则存在 btsong（将来时）、htshong（现在时）和 btsong（过去时）三种时态的不同形式。[②] 这一点与英语相似，很可能使藏族学生在使用英语写作时更注重不同时态下英语的动词变位，因此，这方面出错概率更小。

（二）冠词的缺失和冗余

冠词使用是大多数中国英语学习者都会面临的难题，尤其是定冠词的使用，即使对于高水平的英语学习者也非易事。这主要是因为汉语同藏语一样，都不存在冠词这一语法范畴。名词可以由数量词、物主代词等加以限定，并不需要冠词。例如：在例 3 中，汉语中“我打算看书”这一句中，可以在名词“书”前加数量词“一本”或者物主代词“我的”，但如果什么修饰词都没有也是可以接受的。但是在英语中，却不可以单独使用可数名词“book”，必须对其加以限定，“a book”“the book”“my book”都可以接受。同理，在例 4 中，汉语的“我是大学生”完全符合语法，但英语中则必须说“我是一名大学生”了（I am a university student）。

例 3：I am going to <u>*read book.*</u>

例 4：Hello，everyone！I am <u>*university student.*</u>

通过语料发现，藏族大学生缺失冠词的情况并不严重，但冠词冗余的频率（12 次）反而高于冠词缺失（10 次），主要表现在学生在名词前已经使用了数词或者物主代词后依然使用冠词，如例 5 所示，“an”和“my”二者只保留其一即可。同样，例 6 中“our activity”前不需要“the”再加

① 瞿霭堂：《藏语动词屈折形态的结构及其演变》，载《民族语文》1985 年第 1 期。

② 金鹏：《藏语动词表三时的屈折形态简化的两种途径》，载《语言研究》1983 年第 1 期。

以限定了。藏族大学生的冠词冗余现象是否普遍还需要研究者和任课教师进一步观察。

例 5：It's my *an* unforgettable experience

例 6：During the activity I saw an old man join *the* our activity.

（三）动词的错误连用

在学生的语料中发现了一定数量的动词错误连用现象，主要分为两种情况：

1. 动词或动词短语的错误连用

学生在作文中常常使用一个主语支配多个谓语动词或者动词词组，但动词或动词词组之间并没有连词或者没有用不定式 to 进行连接。在例 7 中，went 和 told 同为主语做出的动作，两个动词之间需要用连词 and 连接，可以改为"Then I went to the teacher's office and told her my situation"或者以 to 连接变为不定式，改为"I went to the teacher's office to tell her my situation"。

例 7：Then I *went to the teacher's office told her my situation.*

在汉语中，一个主语可以支配多个动词或动词短语，而动词之间并不需要连接。例如："我打开教室门，走了进去，拿起一支粉笔，开始讲课。"汉英这一差异导致很多学生出现了多个动词或动词词组连用的情况。

2. be 动词和实意动词的错误连用

藏族学生的语料中出现了较多的 be 动词和实意动词的错误连用，如例 8 并不是一个现在进行时态的句子，只保留实意动词 join 并使用过去时态即可，但是 am 和 join 同时出现。例 9 也出现了同样的情况，只是使用了否定形式。

例 8：Last month，I *am join* in the activity of the school.

例 9：So，I*'m not answer* the question.

这种错误在同年级的英语专业学生语料库中鲜有发现，在藏族学生中出现这种错误的原因尚不明确，还需要通过访谈等手段进一步研究，但教师应该尽早提醒学生注意这一问题。

（四）句子成分残缺

在英语中，句子的基本结构是"主语 + 谓语 + 宾语"，或者"主语 + 谓语"（动词为不及物动词时），其中任何一个成分的缺失都会造成句子片段（sentence fragments），即成分残缺。藏族学生的语料库中句子成分残缺现象很严重，出现频率高达 64 次，主要有以下几种情况：

1. 主语缺失

一般情况下，句子中动作的发出者或者施动者不容易缺失，但是由于汉英差异，学生会错将介词短语用作句子的主语，如例 10，学生错把介词短语构成的状语当作句子的主语。在汉语中，"在我的记忆中有很多难忘的经历"这一句子结构完全正确，但在英语中"in my memory"不能作为句子的主语，真正的主语应该是某人，正确的说法可以是"I have many unforgettable experiences in my memory"。同样，例 11 的正确用法应该是"I have a beautiful experience everyday"，"everyday"在句中充当时间状语。

例 10：*In my memory, have many unforgettable experiences.*

例 11：*Everyday has a beautiful experience.*

2. 谓语缺失

谓语动词缺失造成句子残缺的情况往往是因为学生混淆单词词性，只记住了词义。在汉语中很多词既是动词又是名词，可以混用，但英语中这类词则没有那么多，对词性的区分更严格。例 12 中，success 是名词，不能用作谓语动词，应该使用其动词形式 succeed；例 13 中，句子缺失了 be 动词，angry 本身是形容词，不能用作谓语动词。

例 12：Only in this way will I *success* in the future.

例 13：Once, my math teacher *very angry* about me.

3. 从句做主句

学生作文中出现很多从句充当主句的情况，例 14 中，由 if 引导的条件状语从句以句号结尾，作为一个完整句子的用法是错误的。这种错误在学生的作文中出现很多，原因有可能是学生对句子的概念不够清晰，不清楚从句是不可以单独构成一个句子并使用句号结尾，也有可能仅仅是标点符号使用错误，具体原因还需要进一步调查。

例 14：*If everyone can be like him. So life is so beautiful.*

（五）不断句

在英语中，不断句也被称为流水句（run-on sentence），指的是两个以上的完整句子之间用逗号连接，句与句之间没有连词连接，也非主句和从句关系，如例 15 中，一句话其实包含了 5 个独立完整的句子。

例 15：*I can remember the first English class, I was very anxious and frightened, I can't say any words and can't answer teacher's questions, I felt shy, but to my surprise, my English teacher is a patient woman.*

流水句在语料库中的出现频率为 37 次，仅看频率并不是很高，这是因为很多学生不只将两个完整句子放在一起，有时是 5 个甚至 6 个句子放在一个句子中以逗号相隔，有的学生甚至通篇文章都以逗号相隔，全篇文章只有一个句号，出现了“一逗到底”的现象。出现这种问题的原因很可能是汉语中标点符号的用法对英语学习产生了负迁移作用。在汉语中，句与句之间使用逗号连接是合乎语法的，但在英语中，这种错误不仅体现了标点符号的使用不当，更多地显示出学生对句法结构，怎样构成一个完整句子的概念不清。

（六）其他问题

学生的标点符号和大小写问题严重。大小写错误主要体现在句首不大写；标点符号方面，除了上文提到的句号和逗号的使用混乱外，一部分学生还在使用顿号做单词间的短暂停顿，并没有意识到顿号是汉语特有的标点，在英语中是不存在的。此外，英语的省略号只有三个点（…），而汉语的省略号则由六个点（……）构成，学生往往把汉语的省略号使用习惯也带到了英语中。

学生作文中的拼写错误也很严重，出错频率占所有错误总数的 14%。但是笔者发现藏族学生的拼写错误往往是符合单词发音的，如 belive（believe）、favorate（favorite），即虽然拼写出错，但是错误拼写与单词原来的发音是相符的。通过单词的发音可以拼读进而猜出学生原本想要表达的单词，而且藏族学生常常会漏掉单词中不发音的字母，如 believe 中的字母 e，like 中的 e。这与以汉族学生居多的英语专业语料库中发现的现象不一致，汉族学生的拼写错误多以字母顺序颠倒为主，发音与单词不符，但是从词形上可以看出作者想要表达的单词。研究者推测，这可能是因为藏语是拼音文字，在这一点上与英语有相似性，即发音和拼写是紧密结合的，在没有特殊情况下，依靠发音可以拼读、拼写出单词；而汉语是象形文字，发音与拼写并没有直接的联系，学生在学习汉语时主要依靠字形来记忆。从这个角度看，只要稍加引导，藏族学生更容易养成良好的记单词的习惯，不依靠死记硬背字母顺序，而是通过拼读单词，根据单词的发音进行拼写。

此外，不同于英语和汉语的主语 + 谓语 + 宾语的语序，藏语的语序为主语 + 宾语 + 谓语①，在以往的研究中发现过藏族学生有谓语前放置宾语的情况，但是在本研究中并没有发现一例这样的错误，从目前搜集到的数据来看，藏语在语序方面并没有对学生的英语造成负迁移。

四、结　语

从研究角度看，藏族大学生的英语写作不仅受到藏语的影响，也能找到汉语影响的痕迹，是英语、藏语和汉语三种语言交互作用的结果。目前，藏族大学生的英语写作中显现的这些特征到底是三种语言相互影响的结果，还是他们英语综合水平较低的原因？这个问题还有待进一步研究。未来研究中可以追踪同一批学生，搜集他们在不同时期的语料，观察目前语料库中表现出来的这些特征是否会随着学生整体水平的提高而消失，还是会存在石化的倾向，也可以横向对比藏族学生和汉族及其他少数民族学生的语料库，发现藏族英语学习者特有的中介语特征。

从教学角度看，基于语料库的分析发现的这些问题可能在藏族大学生之前的英语学习中已经存在了相当长时间，但学习者根本没有意识到，也有可能是经教师屡次纠正后还是反复出现，难以从根本上消除。因此，在进入大学后，教师首先必须根据诊断结果及时、反复纠正这些错误，避免这些问题进一步石化。同时，教师也应该意识到，藏语给藏族大学生的英语学习带来的不仅是负迁移作用，即对他们英语学习的阻碍，也有正迁移

---

① 戴庆厦：《关于汉藏语语法比较研究的一些理论方法问题》，载《中央民族大学学报》（哲学社会科学版）2002 年第 2 期。

作用。例如：由于藏语中的动词也存在不同时态下的屈折变化，藏族学生在不同时态下对动词做相应变化的意识较好；由于藏语同英语同属拼音文字，藏族学生对单词的发音和拼写结合得较好，更容易养成良好的拼读记单词的习惯。对于藏语可以对英语学习产生正迁移作用的领域，教师应重点加以引导，帮助藏族学生充分利用他们的优势，促进英语学习。

参考文献

[1] Salamoura, A., & Saville, N. *Criterial features of English across the CEFR levels: evidence from the English Profile Programme. Research Notes*, 2009, 37, Cambridge: Cambridge ESOL.

[2] Salamoura, A., & Saville, *N. Exemplifying the CEFR: criterial features of written learner English from the English Profile Programme. EUROSLA Monographs series*, 2010, 1, 101 - 132.

[3] 戴庆厦:《关于汉藏语语法比较研究的一些理论方法问题》，载《中央民族大学学报》（哲学社会科学版）2002 年第 2 期。

[4] 金鹏:《藏语动词表三时的屈折形态简化的两种途径》，载《语言研究》1983 年第 1期。

[5] 梁茂成、李文中、许家金:《语料库应用教程》，外语教学与研究出版社 2010 年版。

[6] 瞿霭堂:《藏语动词屈折形态的结构及其演变》，载《民族语文》1985 年第 1期。

[7] 向晓红、杜洪波、贾黎、程静梅:《藏族女学生英语学习难点剖析》，载《西南民族大学学报》（人文社科版）2005 年第 3 期。

[8] 赵萱:《中介语石化现象与中介语心理认知机制浅探》，载《外语与外语教学》2006 年第 3 期。

（作者单位：外国语学院）

试论蒙古文书写的文化内涵

敖特根其其格

蒙古文字的发展经历了近千年的时间，在历史长河中历经几次修改，形成了现行的文字系统。书写方式、文字结构、文字规范等均有自身的规律。作为蒙古语的辅助工具，其最本质的特点是反映了蒙古语的类型学特征，即黏着。词根后接续语法附加成分这一点体现在文字上，就产生了各种规则。本文就此试论如下。

一、守中——在一条线上书写

蒙古文字的走向是从上到下形成列。列等于行，从左到右。

无论什么书写体，字都是上下直立的，纸张上虽未见竖线，但是所有笔画都以一条无形的线为中心，向前后两边展开，收笔时也会以中线为基准。这条线就像中轴线一样，字形因此具有平衡感。如：

注：左侧起依次为标题、副标题、作者和正文

二、和　谐

蒙古语存在语音和谐规律。七个元音分为阳性元音、阴性元音和中性元音。

（一）阴阳性的和谐

蒙古文书写不同音节中，如果第一音节是阳性元音，那么后续音节当中的元音仍为阳性元音；若第一音节是阴性元音，后续音节中的元音也是阴性元音。辅音 x、g 在字形上与阳性元音结合构成音节的字形及与阴性元音结合构成音节的字形是不同的。比如：

A.

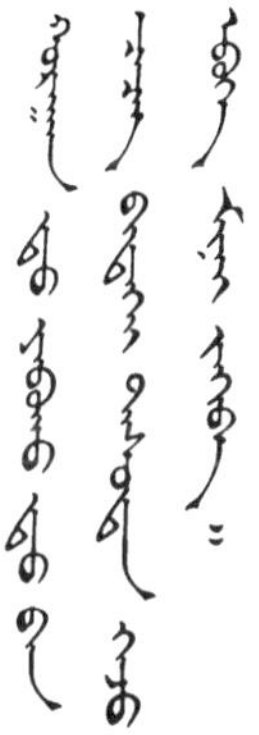

hvragan－dv yabvhv－dagan tsetseg bitehei tasvda geju ebuge mini jahiba.

爷爷叮嘱我放羊羔时不要采摘花朵。

第一、第二、第五和第八个词语音节元音为阳性元音；第三、第四、第六、第七个词语音节元音为阴性元音。

B.

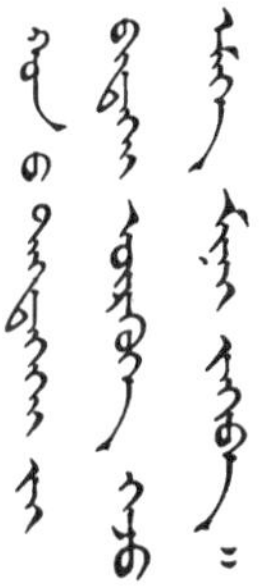

hvn－v degdegehei－ji bitehei urguge geju emege mini jahiba.

奶奶叮嘱我不要惊扰小鸿雁。

（二）不同读法

语法附加成分也依据阴阳性而具有不同的读法。比如：

A. 位置方向格附加成分有 dv、du 两种读法：vsvn－dv（往水里），aha－dv（给哥哥），eguden－du（往门口），munghe－du（给孟和）。

B. 工具格 bar/ber、iyar/iyer 两对，各自有两种读法：bagsi－bar/egeci－ber；togvgan－iyar/sigur－iyer.

附加成分都会在阴阳性上与前面的词干保持和谐统一的关系。

（三）字母形状

词首、词中、词尾的划分，都注重词所在的位置。因上下连接而改变形状。圆唇元音共四个，书写上的四个元音两两相同，阴阳互补出现，由四个元音与辅音结合的音节也同样具有不同的字形，仍为互补分布。比如：

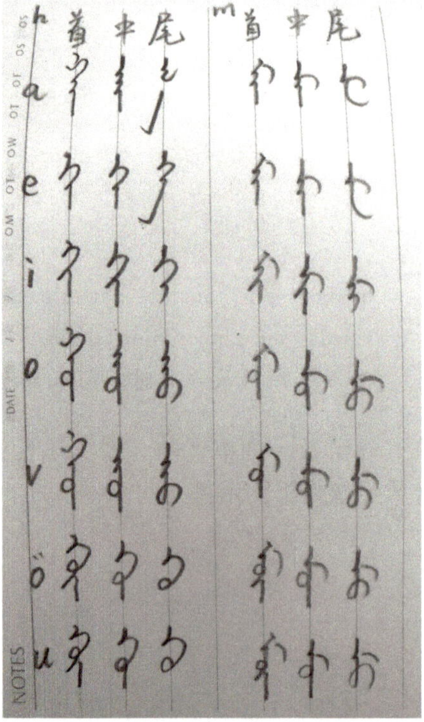

辅音 h、m 与七个基本元音结合构成七个音节，分别出现在首音节、中间和结尾音节。其字形在多音节字中具体形状与其单独书写是相同的。中间和结尾字形顶部都有一条连接线，中间位置的音节书写符号底端也有一条连接线，以便上下连接其他音节。结尾的字形是圆弧形的，蒙古文字母中结尾字形除了圆弧形以外还有斜勾、圆圈、圆圈加弧线等形状，以作圆满的结尾。

总之，蒙古文书写规则中渗透着蒙古人追求正直的观念及与世界和谐共存的价值追求。

（作者单位：少数民族语言文学系）

高校学业成绩评价从原始分转向标准分的价值和路径

夏仕武　张明明

教育评价是对教育活动质量或效果进行优良中差的价值判断，是导引教育活动的指挥棒。科学合理的教育评价手段能够对教育活动发挥甄别、导向、激励等作用，促使学生自主自觉地个性化发展。

当前，中国高校对学生学业成绩评价主要是以原始分作为计量方法。不同授课教师给分的标准和宽严度不同，所给分数存在偏高或偏低的现象。另外，不同课程，其难度系数不同，学生得分高低也有较大差异。因此，依据原始分数评选奖学金和确定免试研究生资格是存在问题的，依据原始分的评价方法不能真实反映学习不同课程学生的学业水平。很多高校存在学生扎堆选修给分偏高教师的课程，力避学习难度偏大的课程，同一院系不同专业学生获得免试研究生资格分数差距过大而投诉学院管理者等的问题，这与依据原始分评价学生学业成绩不无关系。这些现实问题需要我们积极应对。

一、原始分评价学生学业成绩的弊端

依赖原始分对学生进行学业评价，既不能反映选修不同课程学生的学业水平，也不利于学生个性化发展，更不利于学校建成覆盖面广、结构合理、质量一流的课程体系，流弊甚多。

（一）不能有效甄别学生的发展程度

科学的学业评价具有诊断和甄别的功能，但依据原始分数进行的学业评价却难以发挥这样的功能。因为，高校学生在选课上有很大的自由空间，即使是同一专业的学生选修的课程也各不相同，同一学院不同专业所选课程更是大相径庭。不同课程的授课教师给分依据不同，给分宽紧度不一，相同分数所反映的发展程度也不同。

在当下，几乎所有高校在评定奖学金、评先评优及此后研究生免试入学资格等方面都是以各门课程原始分数作为评定的依据。原始分之所以被作为衡量学生学业发展水平高低的标准，是建立在所有原始分数是依据统一标准和给分宽紧度的假设上。但实际上，有的教师给分偏高，有的教师给分偏低，基于这样给分基础的原始分便失去评价的合理性和科学性。奖学金和评优评先依据原始分评价，不能反映出每个学生在群体中的位次。评优评先出发点原本是要选出学生群体中位次（排名）靠前的学生个体，而实际操作中却采用了无法真实测查个体在群体中排名的原始分或绩点的方式。

（二）不利于学生个性充分自由地发展

学生个性充分自由地发展，依赖于提供自由选择的环境和适宜其个性化发展的课程资源。在高校，课程资源较为丰富，从理论上讲，学生个性化发展所需的资源是充分的。然而，从实际情况看，各门课程难易度不同，授课教师评分宽严度有别，选修不同课程的学生，付出同样的努力所得到的课程分数却是不尽相同的。有时，甚至差距悬殊。由于课程分数对学生获得奖学金和免试读研的资格至关重要，出于对这些利益的追求，很多学生在选修课程时不是按照自己的兴趣爱好和未来发展方向来选，而是选择那些好过、容易得高分的课程。

时下，每到选修课程之期，学生就会通过各种途径，如咨询老乡，在校园微信平台、校园 BBS 论坛上打听哪些课程属于“考勤松、作业少、给分高”的课程。出于对高分的追求，出于对奖学金及保研资格的考虑，很多学生选修那些好过且易得分高的课程。尽管，这些课程对其学习兴趣的满足、知识技能的完善、内心世界的丰富并没有多大的帮助，甚至属于相近或类似的课程，但他们依旧毅然决然地选择这些并不符合其个性化发展需要的课程。无疑这不利于中国高等教育人才培养质量的提高。

（三）不利于学校高质量课程体系的建立

依赖于原始分评价学生学业成绩会导致学生扎堆选修那些易学、好过、教师给高分的课程，而那些学习难度较大且教学认真负责、不会通融“放水”教师的课程便鲜有人问津。当前，很多高校对于开设一门选修课程都有选课学生数的最低要求，低于选课人数最低限额的，该课程便不能开设。这既不利于课程体系的广泛覆盖，也不利于课程体系建设质量的提高。

此外，当前很多高校对教师的教学工作量都有较高要求。有的高校对教师全年教学工作量要求是300课时，教师出于教学工作量的考虑，自然希望选课的学生数达到学校的开课要求，甚至期望选课的人数越多越好以获得一定比例的课时奖励。在教学课时量的逼迫下，那些原本坚持课程应有的深度和难度的教师、坚持严格考核和认真布置作业的教师、坚持按学习态度和学习效果打分而不“放水”的教师便悄悄妥协了。他们自觉降低学习难度、深度和考核要求，以换来学生对该课程的青睐。这已经变成了高校开设选修课教师心有戚戚却又不得不妥协的普遍做法。从短期来看，这样的妥协和变通并没有带来什么不良的后果，学生如期获得学分和相关荣誉，教师完成工作任务，学校教育教学秩序井然。但从长远来看，这不仅会导致学生潜能、兴趣爱好和理想追求得不到最大限度的发展，而且还会使学科建设和学校办学质量下降。

很多高校管理者并未意识因原始分评价学生学业成绩而导致师生之间暗中角力对学校人才培养质量的侵蚀、对学校办学水平的拉低、对学校可持续发展的侵害。

其实，当前高校依赖原始分数测查学生学业发展程度的弊端完全可以借助标准分的测查方式予以避免。今天的高校教师多会使用 Excel 办公软件，借助 Excel 办公软件完全可以将原始分数轻松转换为能反映出学生在群体中所处位次的标准分，从而对学生学业成绩做出客观公正的评价。

二、标准分评价学生学业成绩的独到价值

标准分是将原始分数与平均数的距离以标准差为单位表示出来的分数。由于它的基本单位是标准差，所以叫标准分数。标准分能准确反映被测试对象在群体中位置，具有可比、可加和稳定的特性。常见的标准分有 **Z** 分数、T 分数、标准九分数等。

采用 T 分数这种标准分来评价学生学业成绩，能够解决原始分评价所带来的诸多问题。

（一）标准分评价能有效判断学生在群体中所处位次

学业评价目的在于帮助学生了解自己学业的发展程度以及在同伴群体中的位次，以便学生明确努力的方向。原始分数评价因教师给分风格的差异，无法判断不同课程分数所代表学生学业的发展程度及其在群体中的位次情况。而标准分数中的 **Z** 分数能有效反映出一个分数距离平均数的相对

标准距离。**Z** 分数具体计算公式见图 1 中的第③步式子。

由于 **Z** 分数有正数，也有负数，看起来不美观，也令非专业人士难以理解。故而，可以将 Z 分数进一步转换①，使之成为与原始分形态相近的 T 分数。

T 分数作为标准分的一种，能反映学生在某科学业成绩中的位次，且没有负值，让被测对象看着悦目，心情愉悦。故而，教师评价学生学业成绩可采用 T 分数。T 分数的计算原理与流程如图 1 所示。我们需要依次计算出某科成绩的平均数、标准差、**Z** 值，从而最终计算出 T 分数。

$$\underbrace{\bar{X}=\sum_{i}^{n}X_i\ /N}_{①}\rightarrow \underbrace{s=\sqrt{\frac{\sum_{i=1}^{n}(X_i-\bar{X})^2}{N}}}_{②}\rightarrow \underbrace{z_i=\frac{X_i-\bar{X}}{s}}_{③}\rightarrow \underbrace{T_i=50+10z_i}_{④}$$

图 1 计算 T 分数的过程

$\bar{X}$ 表示某课程平均分数

s 表示课程成绩的标准差

Z_i 表示某同学标准分数

T_i 表示同学某门课的 T 分数

在通常情况下，学生学习成绩呈正态分布。正态分布下，学生学习成绩 T 分数是平均数为 50、标准差为 10 的分数，其计算公式为：$T_i=50+10z_i$。T 分数是衡量学生学业成绩优良中差的可靠标准。

举例来说，A 同学和 B 同学在逻辑学、大学英语、计算机这三科成绩原始分数的总分相同，但并不意味着 A、B 同学在全班成绩中位次是相同的。根据图 1 的计算公式，两位同学三科的 T 分数是不同的，T 分数总和也不同。如表 1 所示。

① 测验群体分数呈现正态分布则使用线性转换，非正态分布则采用非线性转换。

表 1 A、B 同学三科的原始分成绩与 T 分数成绩对比

课程成绩	A 同学		该科成绩平均数（$\overline{X}$）	该科成绩标准差（s）	B 同学	
	原始分数	T 分数			原始分数	T 分数
逻辑学	75	54	73	5	86	76
英语	85	51	84	10	76	42
计算机	84	58	80	4	82	55
总成绩	244	163			244	173

通过比较 T 分数总和，我们发现 B 同学成绩在全班排列的位置比 A 同学靠前。A、B 两同学在比较三科原始分成绩总和时无法分出伯仲，但通过比较 T 分数，他们的成绩谁高谁低便一目了然。

（二）标准分评价提供了学生个性化发展的空间

标准分 T 分数能反映学生在该门课程成绩总体中的位次，而不是绝对的数值，这就避免了有的课程得分偏高、有的课程得分偏低所造成总分衡量时的不公平现象。学生即使是选修了给分偏高的课程，在转换成为 T 分数之后，其分值并不比给分偏低课程的 T 分数高。换言之，不管老师打分偏高或偏低都会体现出学生在群体中的先后位次，从而甄别出学生的优、良、中、差。举例言之，大学语文、艺术鉴赏、书法这三门课程给分偏高，而逻辑学、伦理学、文物鉴赏课程给分偏低，A 同学选修了前三门课程，期末得分分别为 85、88、89，而 B 同学选修了后三门课程，期末得分分别为 80、82、82。由于给分倾向有差异，A 同学选修的三门课程平均分分别为 84、86、86，而 B 同学选修的三门课程平均分分别为 78、77、78，各门课程的标准差如表 2 所示。根据计算 T 分数的公式，A 同学选修三门课程转换成为 T 分数之后分别为 52、54、60，B 同学选修三门课程转化成为 T 分数后分别为 54、60、63，显然高于 A 同学成绩。我们不难看出，采用 T 分数评价学业成绩之后，学生最后排名不受教师打分风格的影响。学生可以自由选修自己想学的课程，再也不用担心最后在学业成绩排名上吃亏了。

表 2 A、B 两同学选修不同给分倾向的课程得分对比

A 同学选课及成绩					B 同学选课及成绩				
科目	原始分	平均分	标准差	T 分数	科目	原始分	平均分	标准差	T 分数
大学语文	85	84	5	52	逻辑学	80	78	5	54
艺术鉴赏	88	86	5	54	伦理学	82	77	5	60
书法	89	86	3	60	文物鉴定	82	78	3	63

由此可见，T 分数评价学生学业成绩能够有效避免学生避难就易、不顾个性发展需要的选课现象了。学生完全可以根据自己的兴趣爱好和职业规划选修自己心仪的课程，实现自己的个性化发展。

（三）标准分评价学生能够促进学校高质量课程体系建设

高质量课程体系建设离不开学生参与和支持。教学相长的原理在课堂教学的师生互动中能够得到最好的诠释和体现。在采用标准分数评价学生学业成绩的制度下，学生不再违心地选修容易得高分而自己并不中意的课程，他们会根据自己的兴趣爱好和人生规划来自由地选修课程。当学生选修的课程契合其理想志趣，他们自然会全身心投入课堂教学，积极主动地与教师和同学们互动交流，并乐于钻研探讨疑难问题。学生这种认真求知和探究的激情以及他们展露的智慧会激发授课教师更大热情投入本课程的建设中。在师生共同努力下，每门课程资源将得到进一步丰富，教学效果将得到持续提高，课程影响力将得到不断增强，逐步建成学科完备、质量一流的课程体系。

标准分评价学生学业成绩能有效甄别学生学业发展程度，能有力促进学生个性化发展，能推动高校高质量课程体系的建成和完善，功效斐然，且很容易推广应用。

三、标准分评价学生学业成绩的实现路径

在计算机及软件应用普及化的当下，标准分的计算非常简便，只要全校师生能认可、接受且得到学校相关制度的支持，高校采用标准分评价学生学业成绩是切实可行又简单易行的。

（一）学校确立标准分数评价学生学业成绩的制度

制度具有强制性和导向性。教育教学管理制度一方面能够约束广大师生的行为，另一方面也能够引导广大师生转变观念、改善行为，推动教育教学预期目标的实现。

高校实行以标准分评价学生学业成绩的制度，其关键在教师，只要广大教师能够认可并在行动上给予支持，这项制度是完全可以顺利落实的。这就要求学校管理部门，尤其是宣传部门、教务管理部门要通过各种形式的媒介宣传倡导采用标准分衡量学生学业成绩的制度，从而让广大师生深刻认识标准分评价学生学业成绩的科学性、有效性及应用起来的简便性，

进而自觉地采用标准分作为计分方式和评先评优依据，最终让标准分取代原始分成为学校管理和评价的依据。

（二）培训教师计算和应用标准分——T 分数

在舆论宣传标准分评价学生学业成绩意义的同时，学校还需要对各院系教师进行技术指导和培训。必要的时候，学校教务部门要组织相关人员到各院系巡回指导广大教师如何计算标准分和登录成绩。

其实，教师只要会使用 Excel 办公软件就能完成标准分的计算。其步骤如下：

1. 计算平均数

在 Excel 表格中计算平均数。打开学生成绩 Excel 表格，点击第一位学生分数，按住不放，一直拖到最后一位学生的分数，在表格界面的下端自动显示求和值、平均数值、计数值（即 N）。假设某课程成绩计算出的平均数为 80.5。

2. 计算标准差

在上述打开的学生成绩 Excel 表格中，将光标定位在某一空白处，移动鼠标，点击 Excel 表格中的“常用函数”，选中“STDEV”命令（即标准差计算命令），出现“函数参数”对话框，能看到光标在“STDEV”下面的“数值 1”空格内闪动，此时只需移动鼠标，选中第一位学生的分数按住不放，一直拖到最后一位学生的分数，松开鼠标。此时，“函数参数”对话框中的“数值 1”方框内会显示第一位学生和最后一位学生成绩所在表格位置，点击对话框中的“确定”按钮，该门课程成绩的标准差便呈现在 Excel 表格中了。假设标准差为 4.56。

3. 计算 **Z** 分数

在上述打开的学生成绩 Excel 表格中，假设第一位学生是张三，其分数是 86，在 Excel 中位置为 B1，我们若在 Excel 表格的 C1 位置显示张三的 **Z** 分数，只需要在 C1 位置输入“=（B1－80.5）/4.56”，然后回车，便显示出 1.206，这便是张三的 **Z** 分数。要计算其他同学的 **Z** 分数，只需要点击 C1 栏，待出现粗体方框后将光标移到方框右下角后出现“+”形光标，按住鼠标左键一直往下拖到最后一位学生的位置，松开鼠标左键，所有学生成绩的 **Z** 分数便自动计算出来。

4. 计算 T 分数

在上述打开的学生成绩 Excel 表格中，我们若在 Excel 表格 D1 位置显示张三的 T 分数，只需要在 D1 处输入“=C1＊10+50”，然后回车，便出现 62.06，这便是张三的 T 分数。同样，要计算其他学生成绩的 T 分数只需要将光标移到 D1 右下角，按住鼠标左键一直往下拖到最后一位同学，松开鼠标左键，各位学生成绩的 T 分数便出来了。

我们只需这四步操作，原始分转成标准分便轻松搞定。

（三）改进和完善学业成绩管理信息系统

当前，各高校几乎都采用学生成绩管理信息系统进行学生成绩的登录和管理。当前多数高校学生成绩管理信息系统的界面中没有平均数、标准差和 T 分数的栏目，若要实行 T 分数来管理和评价学生的学业成绩，就需要改进完善当前学生成绩管理信息系统，要增加平均数、标准差、T 分数等内容，配合以标准分评价学生学业成绩的评价制度的推行。

若高校愿意出资改造升级学生成绩管理信息系统，也可以让软件公司直接开发出具有自动计算平均数、标准差和 T 分数的新一代学生成绩管理软件，教师只要输入原始分，成绩管理软件直接在原始分的基础上计算出 T 分数，减轻广大教师的负担。

概而言之，高校推行以标准分评价学生学业成绩的制度既势在必行又简便易行、成本不高，是一件利于学生、利于高校、利于国家人才资源开发的好事，值得推广应用。

参考文献

[1] 任海松、叶龙：《高校学生内部考核选拔评分方法探究》，载《中国高等教育》2003 年第 1 期。

[2] 陈昱岿、夏仕武：《高校学生培养质量评价方法探究》，载《现代教育管理》2009 年第 12 期。

[3] 章建石：《一项公平与效率兼备的高考改革为什么难以为继——标准分制度的变迁及其折射的治理困境》，载《北京师范大学学报》（社会科学版）2016 年第1期。

（作者单位：教育学院）

民族院校药物分析实验课开设“设计性实验”的实践探索①

周珊珊

传统的药物分析实验课内容是以药典为基础的验证性实验，包含实验目的、原理、仪器使用、实验步骤、实验数据处理等几个方面。实验前，实验老师准备好所有的仪器设备及药品试剂；上课时，授课老师对每一个实验进行讲解、示范，学生在实验中“照方抓药”，最后完成实验报告。这种教学方式存在调动学生学习主动性和创造性的不足。

随着《教育部财政部关于“十二五”期间实施“高等学校本科教学质量与教学改革工程”的意见》（教高〔2011〕6号）和我校本科教学以“面向少数民族和民族地区，为少数民族和民族地区服务”为培养特色，开展培养学生综合素质和创新能力的实验教学改革就成为本科实验教学的主要任务。为此，在药物分析实验这门专业实验课中除开设部分验证实验外，还需要开设设计性实验，使实验教学从单纯性的理论验证提高到理论知识与实验技能技巧的有机结合。为此，笔者在药物分析实验课中开设了“中草药中必需微量元素和有毒元素的测定”和“胶囊壳中铬含量的分析测定”两个设计性实验，并进行实践探索，旨在提高学生对药品分析检验的胜任力、实验水平和动手能力，培养学生综合运用所学知识解决实际问题的独立工作能力和创新思维能力，取得了良好的教学效果。

一、设计性实验的实施过程

“中草药中必需微量元素和有毒元素的测定”和“胶囊壳中铬含量的分析测定”这两个设计性实验实施过程分为选题、文献检索和实验方案的提交、实验方案的讨论、实验前准备、实验的实施、总结报告6个阶段。

① 国家级实验教学示范中心建设项目（10301－0170020202）。

这6个阶段中的前3项在课余时间完成，第4和第5项安排在12个学时内完成。为了保证实验的顺利完成，需要做以下几方面的工作。

（一）文献检索及书面实验方案的拟定

学生选择实验题目后，根据实验题目要求查阅文献资料与工具书，写出实验计划，拟定书面实验方案及具体操作步骤的初稿，并根据实验方案罗列出实验所需药品、试剂与仪器交给指导教师。

虽然学生通过学期论文的训练具备了一定的查阅文献的能力，但由于带着问题查阅科学文献资料的机会不多，一部分学生查阅文献不熟练，查阅文献后不会整理。因此老师在把实验题目交给学生的同时，也会提供部分参考书目及有关参考文献，提示学生使用多个关键词进行查阅，寻找实验方案，写出实验报告，使学生掌握科研方法，提高科研能力。例如：在“中草药中必需微量元素和有毒元素的测定”设计性实验中，学生选择蒲公英作为研究样本，采用不同的消解方式和检测仪器，对不同部位、不同产区的蒲公英必需微量元素和有毒元素的含量进行测定。

（二）实验方案的审查

学生上交实验设计方案后，老师会认真审查并组织学生对实验方案的可行性进行讨论。讨论后，学生根据提出的意见修改实验方案，再次交老师审查。确定实验方案可行后，学生依据最后确定的实验方案，对提出的药品、试剂及仪器的清单进行调整，在实验开始前两周将清单交实验室。

（三）实验的实施

实验开始前一天，学生按照列出的清单到实验室领取药品、试剂、仪器，自己配制所需要的溶液，做好样品前处理工作。实验开始后，各组学生按实验方案完成自己承担的实验工作。

在这一阶段，学生要根据拟定的实验方案完成实验。为了充分发挥学生的自主性和创造性，老师不再集中强调操作要点和注意事项，而由学生自己统筹安排实验进程。由于部分学生来自少数民族地区，且学生的中学化学实验条件差异较大，部分学生实验操作能力薄弱。为了保证实验室安全，老师要帮助他们解决实验中出现的问题。例如：在样品的研磨、试剂的配制方法及溶质的选择等方面，老师要及时对学生进行指导，让学生对试验的准备过程有所了解，为今后独立搞科研打下基础。

学生实验方案虽然经过精心设计和讨论，但在实施过程中常常会因为一些不可预见的因素而致使实验结果不理想或失败。这时老师需要帮助学生分析问题产生的原因，并给予必要的帮助和鼓励。例如：在“胶囊壳中铬含量的分析测定”设计性实验中，胶囊壳是从淘宝网购买的，学生依照自己设计的实验方案，采用不同的消解方式对胶囊壳进行消解前处理，结果发现不论采用哪种消解方式都不能将样品完全消解，并且在后续采用石墨炉原子吸收光谱仪分析测定铬含量时，发现检测出的铬含量大大超过实验方案设计中的标准曲线范围。这时需要提醒学生对实验方案进行调整：对样品进行稀释或选择新的检测方式，改用检出限较低的原子吸收分光光度法，计算并设计标准曲线范围并配制标准曲线溶液。同时提醒学生铬元素价态不同毒性不同，可通过其他检测方法进行不同价态铬含量的测定。学生通过讨论，快速改变设计方案并使用可见光分光光度法测定了样品溶液中铬（Ⅵ）的含量。结果表明，淘宝网买来的胶囊壳中铬含量是国家标准的9倍，且95%为铬（Ⅵ），可以视为毒胶囊。学生在实验过程中通过及时调整实验方案顺利地完成设计性实验，这样大大提高了学生的创新思维能力和综合运用所学知识分析问题、解决实际问题的能力，极大地激发了学生实验的兴趣和积极性。

二、实验总结

实验结束后，各小组以小论文的形式写出完整的实验报告，对实验结果进行系统的分析和总结，这样一个设计性实验过程相当于让学生经历了一次完整的科学实验训练。

通过药物分析实验课中“中草药中必需微量元素和有毒元素的测定”和“胶囊壳中铬含量的分析测定”两个设计性实验的实践探索，将药物分析、分析化学、仪器分析及文献相关知识联系起来，突出了学生的主体地位，加强了学生的动手能力，增强了学生的科研兴趣和解决实际问题的能力，培养了学生研究药品质量的基本思路和方法，使其获得从事药品质量分析与检验的过硬的操作技能和技术，提高了学生的药品质量分析能力，为其日后进一步深造或走上工作岗位打下了良好的基础。

参考文献

[1] 王建芬、马宁、邱玲玲：《学生自主选药的药物分析设计性实验教学模式探索》，载《基础医学教育》2013年第10期。

[2] 姜登钊、李辉敏、张亚平、任锦:《综合性、设计性药物分析实验教学效果的调查与探讨》,载《广州化工》2016 年第 2 期。
[3] 宋丽丽、包玉莉、刘红玥、张玉萍、崔广智、庄朋伟:《药物分析实验课程的综合设计性实验改革》,载《实验室研究与探索》2016 年第 16 期。
[4] 钟霞、张俊清、任兆平、高炳淼、陈年根、黄艳:《浅谈药物化学设计性实验教学方案的构建与实施》,载《科技资讯》2016 年第 1 期。
[5] 朱金芳、王娟、韩海霞:《改革药物分析教学方法培养高素质应用型药学专业人才》,载《教育教学论坛》2016 年第 20 期。

(作者单位:生命与环境科学学院)

基于 CBI 教学模式以培养人文素养和思辨能力为目标的英语专业听力课程教学改革

王 红

一、英语专业听力课程教学改革的源起和动力

培养英语专业基本技能之一的听力课程，对于英语专业学生来说是最基本和最关键的课程，因为所有语言的学习都始于“听”。它同时也是语言知识输入的主要渠道之一。听力训练和培养是保证说、读、写、译能力的前提。各种英语考试也都将听力作为必考的内容。听力课程的教学质量，直接影响学生专业技能的提高，间接影响学生升学、就业及出国深造。

为了保证听力课程的教学质量，2005 年英语专业听力课程组积极申报了中央民族大学的合格课程建设项目，获得教务处批准后，荣幸地成为外语学院首批英语专业合格课程建设工作。从此笔者作为课程组负责人开始了长达 10 年的英语专业听力课程建设之旅。

二、英语专业听力课程教学改革简介

英语专业听力课程是外语学院为英语专业一二年级学生开设的专业必修基础课程，课程学时和学分为 36 学时 2 学分。早在 2005—2007 年，听力课程就通过了我校第一批合格课程建设验收并结题。此次合格课程建设的成果规范了英语专业听力课程的教学大纲和教案，建立了标准化的试题库和教学资料影音库，实现了英语专业听力教学工作的标准化和规范化。

2013—2015 年，英语专业听力课程完成了优秀课程建设的验收并结题，建立了“基于主题内容教授语言”的 CBI 英语专业听力课程教学模

式，课堂采用了有效的“讨论和演示”的学习方法，提高了学生的学习兴趣、学习效率和思辨能力。通过不同人文知识为主题的内容的输入，逐步培养学生人文素养。

2017 年 7 月，英语专业听力课程获得中央民族大学教学成果二等奖。

三、英语专业听力课程的改革思路和方法

（一）教学改革的准备阶段——调研

英语专业听力教学改革的目的是通过改革优化教学的各个环节来提高教学效率，改革的第一步是了解优质的教材、教学方法和测试方法。我们需要解决的问题也是如何能在省时、省力、省钱的前提下完成调研。对比各种方法之后，我们最终确定了在全国高校教师集中阅卷的上海进行问卷调查。

2005—2007 年，利用听力任课教师去上海参加全国英语专业八级考试阅卷的机会，针对课程设置、教材使用、教学方法、测试方法等方面，对全国各地参与阅卷的教师按院校的类别有选择地进行了高校英语专业听力教学问卷调查。收到了分别来自外语院校（2 所）、综合类院校（6 所）、理工科院校（1 所）、会计院校（1 所）的合格答卷共 10 份，问卷结果的总结和分析对于英语专业听力课程在教材、课堂教学、测试、学生的学习形式和内容等方面的改革都有启发和参考作用。

2005—2007 年，每个学期期末都对学生进行座谈和问卷调查。座谈主要是抽取班级中成绩差、一般、较好和优秀的学生，在座谈中了解他们对于教和学的反馈意见和要求。

2008—2015 年，主要是在每年的学期末针对学生学习的有效性进行问卷调查，问题主要以开放性问题为主。例如：对于听力课堂教学，你认为哪些教学环节对提高听力有帮助？你认为一个高效的听力课堂学生应该采用什么样的学习方式？对于学生的问卷反馈，教师认真整理、分析、反思，并在下学期的教学中有针对性地进行调整。2014 年 1 至 2 月份，为了制定《2014 新版培养方案》，我们对北京外国语大学的听力教学进行了调查，包括教材、课堂教学、测试、备课、教改等方面，并撰写了《基于 2014 版培养方案的听力课程调研和教改报告》。报告对于民大外语学院英语专业听力教学的启示是：平时测试注重分项能力的考察，并分项评分；在课后作业环节，应增加培养不同听力能力的听力作业。

（二）教学改革的第一步——改革课程目标

课程目标相当于课程的方向标，它将为教学指明前进的方向，是教学改革的关键，也是教学改革的第一步。通过对比改革前后的两个纲要，可以发现：新版纲要中增加了对学生人文素养和思辨能力培养的内容，这也是本次教学改革的重点。

（1）2014年改革前的《英语专业听力教学纲要》中的课程目标：培养英语专业、英语双学位及对外汉语专业学生的初级听力技能和英语交际能力。对一年级英语专业学生进行严格的专门听力技能训练，有计划地提高学生的听力理解水平。其中，英语初级听力课程是按照《高等学校英语专业基础阶段英语教学大纲》的要求设置的。在引导学生培养正确听力方法和听力习惯的同时，提高学生英语听说的流利程度，达到实现流畅与自如地使用英语进行交际的目的。

（2）《2014新版英语专业听力教学纲要》中的课程目标：达到国家英语专业教学大纲的要求，对学生进行全面的听力技能训练，培养学生实际运用语言的能力、良好的学风和正确的学习方法，为进入高年级打下扎实的语言基本功；同时注重培养学生的跨文化交际能力，增强学生对不同文化的敏感性，提高学生的思辨能力。

（三）实现教学改革目标的重要途径——找出各教学环节中的问题并进行优化

为了实现培养学生人文素养和思辨能力的教学目标，首先需要思考和研究的是目前的教学环节是否有利于培养这两种能力？经过仔细研究各个教学环节，如教学模式、学生课堂和课后学习方式、作业形式、学时、教材等，发现下面的因素制约学生这两方面能力的提高，于是就从优化这些环节入手，进行有针对性的改革。

（1）学时有限。因为每学期学生课堂教学时间有限（每周2学时，一学期36学时），所以首先要优化教学模式，采用“依托于主题内容来教授语言”的CBI教学模式，将教学内容按照16个主题重新整合和编排，依托每个主题，让学生通过相关听力练习学习相关词汇和内容，掌握英语基础阶段听力学习的基本工具和基本技能，以达到教学纲要中的教学目标。

（2）课堂时间有限。每周上课只有两个学时，如何高效地利用课堂时间呢？经过思考，最终确定课堂教学时间管理遵循的原则是：凡是需要在课堂面授的就一定在课堂上讲，否则可以放到教学平台或微信群中发布材料让学生自学。这样，不仅可以促进师生之间课后的互动，还可以节约课堂时间，提高课堂时间的利用率；同时也便于学生课后对课程内容的跟进。

（3）课堂学生参与人数有限。为了让每个学生对每个主题都能有所了解，并能主动学习，避免课堂上只有个别同学有机会参与回答和讨论。任课教师应在每学期开学初就把教学计划发给学生，并把学生分成每组4～5人的课外学习小组，按照教学计划课前自学和讨论，上课时每组派代表总结讨论结果，并对自学过程中的疑惑以每周报告的形式反馈给老师，这样同时提高了教与学的效率。

（4）教材内容单一，多以日常对话和虚构类故事为主。针对教材在内容方面的不足，重新编排、增加教学内容，增加文学、艺术、哲学、文化、历史、科技、地理、医学、教育、体育、音乐等主题内容。同时，通过多主题内容的输入，让学生课前搜索与主题相关的内容，通过小组讨论、课堂陈述、作业报告等学习形式来逐渐增加学生的人文知识，从而逐步培养学生的人文素养。

（5）以往学生在听力课堂上是被动的知识接受者。针对这个问题，通过设计培养思辨能力的问题来引导学生在课上和课后进行思考、讨论、辩论，在这些活动中培养学生思辨的思维习惯，使其逐步地向主动思考者转变。

（6）以往课堂练习是单一的某项听力技能的练习。比如，为了练习听数字，传统教材的编写是通过日常对话来练习数字，我们改革后的做法是通过听财经类新闻来练习数字的识别和听写，即把数字放在有主题的内容中。这样，学生不仅练习了数字，而且还了解和掌握了财经方面相关的知识并了解社会的经济发展现状。同理，其他输入的人文知识相关主题内容也能达到这一目的，逐步培养学生的人文素养。

（7）以往学生拿到课堂上展示、汇报的内容达不到教师预设的效果。以往学生拿到教室里展示的内容是教师课前布置的，学生在课前按自己理解的教师要求准备好就直接在上课时间拿到教室里展示、陈述，往往达不到教师预设的效果，常常出现音频材料速度过快或过慢、材料偏难或偏易等问题。为保障学生参与教学活动的质量，提高课堂教学效率，任课教师要求准备汇报的学生将汇报内容提前一周发给任课教师，任课教师给出指导性建议，审查合格后才可以拿到课堂展示，这也提高了课堂教学效率。同时，在这个过程中，每名学生都有机会与老师进行沟通并得到有针对性的单独辅导。

四、改革的创新点和教学效果

建立CBI教学模式，培养目标增加了人文素养和思辨能力等内容。依据功能语言学和认知语言学的相关理论，在教学中逐步推行了“依托于内容来培养听力技能的CBI”教学模式，学生在一个学期内（以大一新生为例）可以接触到教育、科技、经济、心理健康、国际节日、电影、书评、音乐、人际交往、老龄化社会、哲学等主题内容，并掌握该主题内的基本词汇，这为学生谈论该主题、阅读和写作该主题提供了词汇和内容基础，有利于促进其他基础阶段的课程如口语、阅读、写作等课程的学习。在针对学生的问卷和教学评估中，学生对教学模式的改革认可度最高，学生普遍认为这种教学模式提高了教学有效性。

根据《国家英语专业教学大纲》和《全国英语专业四级考试大纲》中对于英语专业听力课程教学标准的要求，完成中英文版《2014版英语专业听力课程教学纲要》的编写工作。教学目标增加了培养学生的思辨能力和人文素养。

分主题教学在拓宽学生的视野的同时，也拓宽了学生思维的深度和广度。学生在主题内容内被输入了大量的关于文化、历史和哲学方面的内容，在潜移默化之中，学生的人文素养得到了提高。当教师为学生介绍和播放关于老龄化社会主题内容时，学生不由自主地就会产生一种对老人和弱势群体应该多关注和照顾的人文情怀。据统计，我院有多名同学积极参与社会和学校的志愿者活动，如支教、帮助盲人等。

美国缅因州的国家训练实验室研究成果“学习金字塔”理论显示，“听讲”这种我们最熟悉的最常用的方式，学习效果确实是最低的，两周以后学习的内容只能剩下5%，小组讨论可记住50%，“做中学或实际演练”可以达到75%。可以记住90%内容的则是“教别人或马上应用”。课程组改变了学生以往在听力课上以“听讲和回答”为主的学习方式，增加了学生分组讨论的环节，每节课前都是10分钟的学生通过课下自学、查找材料、选择材料最后拿到课上演示教别人，在准备阶段学生做到了“做中学”。根据教师两个学期的观察和期末关于教学有效性的学生问卷，学生一致反馈这个教学方式效果好。老师在学生讨论的过程中也会随时观察他们的难点和分歧，作为今后教学重点。同时，学生在小组学习、主动学习、讨论学习、参与式等学习活动中逐渐培养了思辨的思维习惯，目前初步完成由被动接受者向主动思考者转变。

通过在师生间的多次和多形式的互动来优化各个教学环节、保障教学质量、提高教学效率。例如：教师与学生在课前用电子邮件沟通学生课堂展示内容；课上教师在学生讨论的环节对学生进行观察，每周会抽取 3 名同学进行提问和指导；课后针对学生作业进行有针对性的一对一单独反馈等。

学生主观评价任课教师的关键词如下：任课教师负责；教学内容丰富；教学形式多样；课堂有趣；自己学习能力和效率提高等（引自教务处教学评估结果中学生对教师的主观评价）。

五、结　语

课程建设是一个长期过程，它要求课程授课教师不仅要热爱这门课程，还应专心研究教学理论，分析课程的各个教学环节的利弊；同时还要研究学生，随时观察和掌握学生的学习效果，及时地调整授课内容和方法。不仅如此，授课教师本人还应该关注个人在心理健康和专业素养方面的成长，以积极的成长者的心态去不断提高自己的专业素养，并认真地上好每一节课。

参考文献

[1] Michael Rost. *Teaching and Researching Listening*. Beijing: Foreign Language Teaching and Research Press, 2005.

[2] 张德禄、苗兴伟、李学宁：《功能语言学与外语教学》，外语教学与研究出版社 2005 年版。

[3] 曾凡贵：《大学英语教学改革多元视角探索》，上海交通大学出版社 2012 年版。

[4] 束定芳：《高校英语教学现状与改革方向：华东六省一市高校英语教学情况调研报告》，上海外语教学出版社 2015 年版。

[5] 张静、杨佩聪、胡瑞娟：《现代英语教学的理论、实践与改革研究》，中国水利水电出版社 2016 年版。

（作者单位：外国语学院）

CBI 教学原理在大学专业英语综英课程中的具体应用①

——以课文 *Twelve Angry Men* 为例

胡 敏

在高校英语专业教学改革正如火如荼进行的今天，我们更有必要推行贯彻 CBI 教学原理，在以内容为依托的教学理念指导下，精心进行课程设置及课堂活动设计。目前国内很多学者专家在某些英语专业课程内已经采用 CBI 教学模式并取得了一定的成效（如英美文化、西方文化概论、英美文学等课程），但一些比较传统的基础课程在这方面的尝试却并不多见。因此本文以《现代大学英语》第三册中的课文 Twelve Angry Men（《十二怒汉》）为例，具体探讨 CBI 教学理念在综合英语这类基础课程中的具体应用及评估问题。

一、英语专业教学改革背景下的 CBI 教学模式

2013 年 10 月，教育部门领导、全国外语教育界专家学者、高校外语院系负责人及骨干教师共 1000 余人参加了在北京举办的高校英语专业教学改革与发展学术研讨会。在这次研讨会上，教育部高等学校英语专业教学指导分委员会提出：未来的中国英语教学应以质量为核心，坚持专业内涵建设与发展；以需求为导向，探索多元人才培养模式；以创新为驱动，提升学生能力与素质；以实践为抓手，强化学生应用能力提升；以发展为统领，提高专业教师能力素养。而多元人才的培养必须通过新的教学理念和方法来实现。CBI（Content – Based Instruction）教学模式无疑是实现这一目标的首选。

其实，CBI 教学理念，又称“内容依托教学”，并非新理念，早在 20

① 本文为 2017 年中央民族大学校级项目“外语教学中的多元文化课程构建”（2017MDYL40）的阶段性成果，同时本文也得到国家留学基金委的资助（CSC NO. 201706395012）。

世纪90年代中期，就被引进中国，为国人所知。它是一种内容与语言有机融合的外语教学模式，在教学中把目标语言和有意义的内容有机地结合在一起，目标语言成为学习者最直接接触到的学习介质，同时成为学习某一特定学科知识的媒介。因此，CBI教学，教师不是以语法规则、词汇列表、功能意念或特定情景建构施教的框架，而是以内容主题来贯穿整个过程。它把教学的重点从学习语言本身转移到通过学习学科知识来学习语言。这种理念强调通过语言的使用来习得语言而不是单纯地将语言作为学习目的，因此特别适合在真实背景下将学习者注意力集中在语言功能性的运用上来促进语言技能的发展，从而达到双赢。这种教学模式真正做到以学生为中心，激发学生的学习主动性，让语言成为帮助学生了解甚至掌握某一领域或某一主题的相关知识的工具，培养学生思辨能力，提高学生分析问题、解决问题的能力，不仅旨在培养语言人才，更要培养有实践能力的多元语言人才。

二、CBI教学模式在综合英语课程中的应用

根据语言与内容整合的不同程度，根据教学过程中语言和专业内容的比重，可将CBI教学模式分为主题模式（Theme - Based Course）、课程模式（Sheltered - Content Course）、辅助模式（Adjunct Course）、专题模式（Language for Special Purposes）。综合英语课程目的是以巩固语言基本功（听说读写），以提升语言技能为教学目标，相关知识内容只是促进语言学习的手段。我院开设的综合英语课程属基础英语课，本身并没有一个统一的内容或主题，但所选教材《现代大学英语》是基于内容主题而选编的真实语言材料，内容涵盖西方文化、社会热点、历史时政、文学经典，因此非常利于在实际教学中运用CBI教学理念，以主题模式授课。

不管是何种模式，CBI教学都有以下四个显著特征，包括：（1）以学科知识为核心；（2）使用真实的语言材料；（3）学习新信息；（4）课程设置必须符合不同学生群体的需要。这样的特点使CBI教学更能贴近学生的需求，当学生认识到应用英语解决实际问题的重要性时，他们学习语言和专业知识的热情就会被激发起来，这样，提高了学生的学习动机和兴趣，从而为学生学习英语，发展专业技能提供了有利的条件。而CBI教学理念提倡使用真实的教学材料，把学生带进生活，使学习和使用语言变得更加有意义也更加容易。

三、综合英语课程课文 *Twelve Angry Men* 的 CBI 模式应用

本文以综合英语课程中的一篇课文为例，具体分析 CBI 教学理论在教学实践中的应用及评价问题，比如 CBI 教学理念应该如何贯穿体现在教学始末，如何精心设计课堂活动将教学内容巧妙呈现给学生，如何让学生通过语言工具了解掌握某一具体学科内容，并在学习过程中实现语言能力的进一步提升。

《现代大学英语》第三册第五、第六课“*Twelve Angry Men*”是经典电影《十二怒汉》的剧本节选，叙述了 12 位陪审团成员如何破除自身偏见，解开重重疑惑，最后认定被告不是亲手谋杀自己父亲的残忍凶手的故事。文章由大量对话组成，并且包含 12 名陪审团成员、被告男孩、受害者——男孩的父亲、两位目击证人等众多人物形象。尽管据此改编的电影获得了巨大的成功，享誉中外，但是由于该剧本篇幅较长，场景单一，人物众多，关系复杂，且涉及美国司法陪审团制度和法律专业词汇等，而学生对美国司法文化缺乏深入了解，在实际的课文讲解中很难使学生完全理解、把握该篇章独特的人文精髓和语言力量，因此，笔者尝试采用 CBI 教学模式进行授课，以美国陪审团制度为核心内容，在此基础上合理设计相关教学活动。

教学活动一：Presentation（陈述）。课前简单告知学生本课重点内容，即美国评审团制度，布置两名学生就这一主题查找相关资料，做一个时长为 5 分钟左右的 Presentation。

完成情况：因为学生在以往课程中也做过类似形式的 Presentation，所以能比较好地完成任务。两名同学比较全面地介绍了陪审团的构成，陪审团制度的由来以及运作方式，体现了一定的搜集整合资料的能力，在 Presentation 里对陪审团制度相关的司法术语也基本做了交代，为后期理解课文打好了基础。

教学活动二：通过实例讨论英美司法体系中判决所遵循的重要原则 Beyond All Reasonable Doubt（排除合理怀疑）。教师简单介绍英美法系法官的中间地位，以及什么是合理怀疑（一个普通的理性人凭借日常生活经验对被告人的犯罪事实明智而审慎地产生的怀疑），然后让学生看几个案例，鼓励学生在做出判断之前给出自己的合理怀疑。

完成情况：学生的参与热情很高，争当小侦探，提出自己的疑问。教师汇总所有的疑点，然后进行全班讨论，集体判断哪些是合理怀疑，哪些

不是。

教学活动三：Role Play（角色扮演）。将全班同学分成两大组，分别表演。鼓励两组学生有重点地呈现全剧，可适当合理改动原剧本。

完成情况：课本剧的表演不仅能加深学生对课文的理解和掌握，也能为老师提供有效信息，了解学生学习过程中的难点疑点，有利于课后小结。学生的表演从杀人动机、凶器、男证人和女证人的证言这四个方面着手，不仅呈现了精彩的故事，而且在表演的过程中对被告、辩护律师、检察官、法官、证人、陪审员及场景布景都标示了英文名称，形象直观地展示了不同于中国司法制度的美国陪审团制度的主要特点和功效。在表演中，台词、表情、动作都能反映出学生对剧本的掌握程度。两组学生通过共同搜集资料和亲身表演，更加深刻理解了中美司法文化的差异和语言的震撼力量，同时在模拟真实的法庭情境中学生提高了实际运用语言的能力。另外，学生对文中12个人物的性格把握也很准确，表演得入木三分，十分到位。

教学活动四：视频案例。分析、讨论辛普森案中评审团的作用。辛普森案曾在美国社会引起轩然大波，它的判决也一度成为大家讨论的热点。引入这一案例是希望学生对评审团制度有一个更全面的理解，最终得出一个较为客观理性的结论。

完成效果：学生对评审团制度在辛普森案中的影响看法不一而足。有的认为陪审团制度在处理辛普森一案中没有起到积极的作用，起不到惩治坏人，将其绳之以法的作用；有的则认为这正是体现了评审团制度对确凿证据的尊重，对人的尊重；也有的学生指出，虽然任何一种法律制度都有其不完善性，但陪审团制度还是在最大程度上保证了法律面前人人平等。

教学活动五：写作任务，联系课文和辛普森案，分析评审团制度的优点和不足。

从作业完成情况来看，学生对法律术语掌握得很好，对评审团制度的操作及优缺点有了比较全面的认识和了解，在写作过程中也对本课课文进行了很好的回顾和总结，为本课内容画上了一个圆满的句号。

后续教学活动：语言知识测试及问卷调查。

语言知识测验是根据课文语言知识重点设计的。在以往的传统教学中，教师课堂上会拿出一定时间讲解词汇句型，但本课语言知识几乎是学生自学。测试成绩显示学生重点词语的掌握基本和之前传统词汇讲解授课模式下的掌握水平相似，可见以内容为依托的教学模式对语言知识的掌握虽然没有明显促进作用，但至少和传统教学模式在语言知识掌握方面结果持平。

后续的问卷调查也显示学生对这种突出主题的教学模式的支持及喜爱。尽管有个别同学（3 名）表示这种模式对个人能力要求较高，有些教学材料偏难，班上其余 23 名（占比 88%）表示这种教学模式能突出重点，尤其有 21 名同学（占比 80%）表示该模式能激发学习的兴趣和积极性，希望在以后的教学中多多采用。

四、小　结

新的形势下，英语专业课程面临着挑战和变革。CBI 教学模式让英语教学跳出英语技能化，让英语成为帮助学生思考思辨的有力工具。本文仅仅是一种抛砖引玉式的尝试，希望能够在综合英语课程或其他基础英语课程中加以推广，统一教学思路，通过集体备课，集思广益，让更多学生在 CBI 教学模式中受益。

参考文献

[1] 陈亚丽：《ESP 理论与以内容为依托的英语教学》，载《中国 ESP 研究》2011 年第 1期。

[2] 戴庆宁、吕晔：《CBI 教学理念及教学模式》，载《国外外语教学》2004 年第 4 期。

[3] 都建颖：《以内容为依托的学术用途英语教学：概念、理论基础与实践模式》，载《中国ESP 研究》2011 年第 1 期。

[4] 唐树良、张国辉：《CBI 教学法在专业英语教学中的应用》，载《金融教学与研究》2010 年第 4 期。

[5] 赵秀艳、常俊跃：《CBI 有效内容语言教学策略的实证研究》，载《吉林师范大学学报》2010 年第 6 期。

[6] 仲伟合、潘鸣威：《论〈英语专业本科教学质量国家标准〉的制定——创新与思考》，载《现代外语》2015 第 1 期。

（作者单位：外国语学院）

“一带一路”视域下民族院校大学英语教学的全新实践[①]

——以《新视野大学英语（第三版）》教材的使用为例

石 嵩

“一带一路”倡议的提出，为21世纪中国社会发展指明了全新的宏观方向与发展路径，“一带一路”沿线地区覆盖了全国34个省级行政单位的半数以上，范围广阔、影响重大。全新的国家战略使身处世界多极化、经济全球化、文化多样化、社会信息化局面中的各民族莘莘学子找到了未来的发展方向与职业定位。这一战略转向，必然对各大高校尤其是民族院校的大学英语教学提出更新更高的要求，以使学生具备更全面均衡的语言交际与专业能力，助推“一带一路”的建设。在新形势下，民族院校的大学英语教学也应主动承担全新的历史使命，制定全新的教学计划，开拓全新的教学实践。《新视野大学英语（第三版）》教材的应景推出，配套辅助了“一带一路”建设的相关要求，本文即在教材具体操作的层面，分享经验，探讨方法，以期推动民族院校英语课程更好地服务于国家战略，切实满足各民族学生的英语学习需求。

一、“一带一路”倡议及其对民族院校大学英语教学的新要求

2015年3月28日，国家发展改革委、外交部、商务部联合发布了

① 本文是2017—2018年度中央民族大学的十九大精神研究专项课题“中国少数民族题材电影字幕外译及跨文化传播效度提升研究”的阶段性成果（2017SHJD26）；本文是2018年度中央民族大学校级教改立项“‘双一流’与‘新国标’背景下的大学英语输入—输出双向互动模块化教学改革探索与实践”的阶段性成果；本文同时是2018年中央民族大学研究生人才培养工作坊项目“中国民族文化外译与增强国际传播力建设工作坊”的阶段成果。

《推动共建丝绸之路经济带和21世纪海上丝绸之路的愿景与行动》，将“一带一路”清晰、透明地呈现在中国人民乃至世界各国面前，即“以‘和平合作’、‘开放包容’、‘互学互鉴’、‘互利共赢’的姿态与世界各国共同打造一个互惠互利，包容开放的区域合作共同体”。①

“一带一路”对于中国来说意义重大，是中国在经济全球化进程中实现“引进来”到“走出去”的重要标志。“一带一路”的建设通过与各国外贸伙伴合作，有利于提高并深化我国内地开放程度。“一带”象征古丝绸之路，“一路”指海上丝绸之路。现今，国家基于这个含义更新并丰富了古丝绸之路途经之处。“一带”包括新疆、青海、宁夏、甘肃、陕西、西藏、云南、重庆、内蒙古；“一路”包括上海、浙江、福建、广东、海南、广西、辽宁、吉林、黑龙江。

中央民族大学是各族学子成长和进步的摇篮，生源来自新疆、西藏、宁夏、内蒙古、广西、云南等少数民族聚居的省市自治区。建校至今，为国家输送了大批各民族优秀毕业生。“一带一路”倡议指明了中国经济需要输出去，中国文化需要走出去；语言自然成为输出、走出的重要媒介。因此，注重培养大学生英语能力的输出，特别是经济文化领域中双向沟通的能力塑造成为对大学英语教学的全新要求。“作为一名长期从事大学公共英语教学，进而与各民族、各专业学生打交道的教师，深知如果不能结合学生自身地域特点和时代大环境，单独向学生传授英语知识的话，是无法真正调动学生学习英语的积极性，也无法为今后他们步入社会，参与各行各业工作提供有效帮助的。”② 学生看不到学习英语跟他们今后工作、生活的联系将极大降低学习兴趣；如果没有了英语运用的环境要求和使用必要，即使学生刻苦学习知识、记忆单词，久而不用也会变成没有用武之地的“沉睡知识”。

二、基于“一带一路”视域的民族院校大学英语教学新设计

对于大学英语教学来说，结合各民族学生“一带一路”的地域背景，

① 国家发展改革委、外交部、商务部：《2015推动共建丝绸之路经济带和21世纪海上丝绸之路的愿景与行动》，外交出版社2015年版。

② 石嵩：《大学英语教学中的正能量、接地气与中国梦的实现》，载《民族教育研究》2014年第3期。

采取实用而专业的英语教学方法，注重学生对于自身文化的输出，增强大学英语的实用性，在巩固英语听说读写基本技能的同时，在两项输出环节，即口语和写作中，引导学生输出与其自身相关的内容。它不仅可以使学生意识到英语作为沟通媒介，传播文化的重要性，激发其内在动力，提高英语实践水平，更能在今后工作中，在“一带一路”建设发展的进程中肩负起助推中国政治、经济、文化繁荣发展的重任，为中国乃至世界的政治、经济、文化等交流和发展贡献力量。从国家层面来看，“一带一路”今后的建设取决于当代青年大学生，从个体层面来看，个人的发展又取决于国家的大环境。二者相辅相成。因此，增强民族类院校英语教学内容和方法与国家战略发展“一带一路”的联系就显得非常重要。

在服务于建设“一带一路”的宏观思路指导下，结合中央民族大学公共英语教学正在使用的最新版《新视野大学英语（第三版)》教材，具体教学目标的微观制定可以细化到：（1）用所学英语知识技能讲述、书写与本民族、本地区密切相关的日常事件，如家乡风土人情、地域特色文化、景观特产风貌、代表建筑人物等。（2）引导学生将大学英语学习向各自专业紧密靠拢，为将来的专业发展与继续深造打下一个牢固而实用的基础。例如：文学与新闻传播专业可以有意识地积累相关英语词汇，撰写与丝绸之路经济带及海上丝绸之路相关的英语新闻稿件、评论报道等；经济管理等专业可以结合课本中的英美经济类文章，介绍丝绸之路的经济概貌；理工科的同学也可以结合西线内陆丝绸之路经济带急缺技术科技人才的现状，以英语为媒介与欧美科技发达国家构建交流平台；艺术类同学更可以通过丝绸之路汲取创作灵感，并借助英语传播中国文化艺术。（3）讲清丝绸之路的历史变迁与现实意义，基于此来启发学生的英语学习兴趣，从而使他们找到个性化融入“一带一路”倡议的英语学习路径。基于以上细化的教学目标，易于实现从课内知识讲解到实践应用操作的转换；容易使学生将当下的英语学习与日后的职业诉求相结合。

三、民族院校大学英语教学的新使命：服务于建设丝绸之路经济带

丝绸之路经济带主要包括西北陕西、甘肃、青海、宁夏、新疆五省区，西南四川、云南、广西、重庆等四省区市，合计9省市自治区，也是我校重要的生源地，集中分布着藏族、回族、维吾尔、哈萨克、壮族等20多个少数民族。在建设丝绸之路经济带的战略指引下，民族大学的英语教

学被赋予了全新的使命，不仅要作为英语语言的传授者，优秀异域文明的传播者，更要充分结合"一带"倡议中所涉及的地区特色与民族特点，加强英语教学实践中文化输出意识的培养、经贸合作语言的塑造、地域风情描述的建构、民族内容表达的输出等综合能力的训练提升。民族高校英语教师有责任、有义务帮助学生更好地使用英语表达自己，不是单向的吸收与借鉴，而是要帮助地处丝绸之路经济带的各民族学子为传播自己民族、家乡的地域文化与人文风情，架起不同民族间、不同地区间、不同国家间异质文化交流桥梁。

例如，《新视野大学英语读写教程（第三版）》第一册第四单元"*Heroes Among Us*"这篇课文，其教学重点是使学生了解英语语境中的英雄人物，培养学生对重点词组、句型的掌握及运用，提高学生的相关写作技巧。结合我校学生民族背景多元、生源分布广泛等特点，民族高校英语教师有必要引导各族大学生结合本民族的具体情况，运用本单元所学英语知识介绍自己民族的民族英雄，以口头表达及英文写作的形式，实现英语知识输入向本体内容输出的实践转换。如叱咤风云的蒙古族英雄成吉思汗，攻金灭夏统一蒙古各部，为元朝的建立奠定了基础。教师可结合丝绸之路经济带上的历史英雄故事，引导学生学以致用，输出具有中国特色、民族特色的本土内容。"学用洋人的话，讲述或书写自己的故事，还得让洋人听得懂，听得明白。"① 这才更加符合我们推行"一带一路"倡议中文化"走出去"这一要旨。

又如，《新视野大学英语读写教程（第三版）》第三册第四单元的"*The Surprise Purpose of Travel*（《令人惊奇的旅行目的》）"与"*Travel Solo—A Blessing Overall*（《独自旅行——总体来说是好事》）"两篇课文的教学要求是使学生学会旅游词汇，理解旅游的深层意义及利弊。但是，作为民族高校的英语教师如果可以由点及面，在学生学完这两篇文章之后，引导学生根据自己家乡的地理位置、气候特点及特色风景等，利用所学知识书写或口头介绍自己的家乡风景及历史文化，以此来吸引全国各地乃至世界各地的游客，使自己家乡的人文风情"走出去"，并以英文为媒介，实现从知识向效益的转化，切实为丝绸之路经济带服务。地处丝绸之路经济带的省市及自治区具有中国最丰富的旅游文化资源，如陕西的历史古都名城之旅，青海的青海湖风光，新疆、云南、广西的民族风情与自然景观结

① 石嵩：《论大学英语教学改革与少数民族大学生中国梦的实现》，载《大学》（研究版）2014 年第 11 期。

合描述等都可以成为重点训练辅导内容。

再如，《新视野大学英语读写教程（第三版）》第四册第五单元的“*Culture Makes the Business World Go Around*（《文化推动商业世界的运转》）”更是一篇可以结合丝绸之路经济带讲解的佳作。围绕文中“商业成功的最大障碍是由文化竖立的障碍”这一核心观点，向同学们强调语言媒介在跨文化商业洽谈与合作活动中的重要性，讲解如何运用所学英语知识，在丝绸之路经济带建设中，积极展开对外交流并助力于建构文化包容的利益共同体，进而最大程度上克服文化差异带来的商贸合作瓶颈。结合我校学生民族多元化的特点，教师在分析讲解这篇课文时，应切实引导学生表达本民族的特色文化并辅以相关商务英语词汇，将特色文化的英文输出与商务英语表达相结合，服务于丝绸之路经济带的建设。

四、民族院校大学英语教学的新担当：为 21 世纪海上丝绸之路建设贡献力量

“一带一路”中的“一路”主要涉及上海、广东、浙江、福建、海南等沿海省份，这些省份历来是我国对外交流的重要平台，也是全国英语教学的相对领先地区。但是，必须注意到在 21 世纪海上丝绸之路建设的区域内也存在英语教学水平不均衡的状况，如福建的少数民族聚居区（主要是畲族）和海南的少数民族聚居区（主要是黎族）的学生整体英语水平不高，这会在一定程度上制约 21 世纪海上丝绸之路建设的发展进度，切实提高沿海省份少数民族地区大学生的英语水平，使其达到 21 世纪海上丝绸之路建设的整体要求，是民族高校英语教学的新担当。

勇担 21 世纪海上丝绸之路的新使命，《新视野大学英语（第三版）》全新教材的应时推出，要求民族院校英语教师在英语教学的具体实践中，结合沿海少数民族的具体特点、当地经济发展的现状、人文风情的独特魅力，展开便于学生输出信息的有效英语教学。例如：《新视野大学英语读写教程（第三版）》第一册第三单元中的“*College life in the Internet age*（《互联网时代的大学生活》）”。这个单元的教学目标就是通过讲述大学校园正在转向进入电子设备的新时代，以此训练学生的段落概括能力与写作能力。细剖这篇课文，促进经济要素自由流动，尤其是促进沿海地区市场

深度融合，推动开展更大范围、更高水平、更深层次的区域合作”①，这与我们的现代生活非常贴近。例如：“一路”范围的广东、福建、浙江等地区会有着频繁的国际商务合作，尤其在互联网时代的大背景下，帮助沿海地区的少数民族学子利用区域优势与互联网相结合，教师可以引导沿海地区少数民族将互联网主题与商务英语表达学习相结合，鼓励学生把本单元所学的有关商务的英语知识投入到21世纪海上丝绸的建设中，结合自己家乡的实际情况学以致用。民族院校英语教师针对本校“一路”地区的学子，服务于培养适应新的贸易对象与贸易模式的商务英语人才。

再如，《新视野大学英语读写教程（第三版）》第三册第三单元中的“*Audrey Hepburn—A true angel in this world*（《奥黛丽·赫本——人间天使》）”与“*A life in film*（《斯皮尔伯格的电影人生》）”。这两篇课文主要是通过讲述电影界的传奇人物来训练学生的读写能力，教学目标就是让学生运用英语讲述自己心中的正能量偶像，并且要求写作句子连贯，用词准确。但是，单调地讲述外国人物并不能真正让学生提起兴趣。如果结合我校学生民族众多且生源广泛的特点，每个民族都有本民族的风云传奇人物，让学生既有输入，又有输出。启发沿海地区的少数民族学子讲述与他们有关的民族历史人物，如引导他们讲述“郑和下西洋”的故事等。从古至今，由教材书本内容到现实中的海上丝绸之路传奇人物，由输入到输出，学以致用。学生不仅能学到教材里的内容，更重要的是学会了输出本民族、本地区的特色内容，并能与“一带一路”的大背景相结合。教师不仅要教授学生英语语言知识，还要教会学生结合时事、触类旁通、洋为中用、以我为本。

五、结　语

“一带一路”倡议的提出，启发高校教师尤其是民族院校的英语教师反思，在多大程度上我们的英语教学服务于国家的宏观战略，又在多大程度上培养塑造了我们的各民族学生投身于“一带一路”的建设之中。国家兴盛、民族强大的重要标志之一是其文化、价值观以及思想在多大程度上能够被全世界所认同。通古本应知今，古有丝绸之路，我们走到哪儿，中国传统文化的自信就会传播到哪儿；反观当下，文化输出、价值观外传、

---

① 包文馨：《论“一带一路”倡议背景下商务英语教学的机遇及发展路径》，载《语文学刊》2016年第3期。

中国传统思想走出去的成功案例少之又少。当今世界认知的中国仍然抹不去自古有之的孔子、京剧、功夫、中餐等烙印，反倒是我们被世界的超级大片、卡通动漫、歌舞表演、衣着打扮等文化全方位地入侵。其中缘由——英语教育片面强调引进来，极大忽视输出去——必须引起反思与纠正。

“一带一路”倡议为国家经济发展吹响了新号角，为与之相伴的中国文化走出去指明了新方向；同时也为大学英语教学，尤其是针对多元民族构成、多重生源地归属的民族院校英语教学提出了更高要求：承接丝绸之路经济带建设的新使命，扛起助力海上丝绸之路建设的大旗。基于“一带一路”新视域，构建民族院校大学英语教学的新方案；审视新一代学生英语学习的新要求，转换教学理念，开阔学生新视野。以“一带一路”建设为契机，“不断深化大学英语教学改革，使各民族学生真正受益，并使英语成为各民族学生研修专业知识，表达展现本民族特色风貌，以最终实现梦想的助力工具”。①

参 考 文 献

[1] 国家发展改革委、外交部、商务部：《2015 推动共建丝绸之路经济带和 21 世纪海上丝绸之路的愿景与行动》，外交出版社 2015 年版。

[2] 石嵩：《大学英语教学中的正能量、接地气与中国梦的实现》，载《民族教育研究》2014 年第 3 期。

[3] 包文馨：《论“一带一路”倡议背景下商务英语教学的机遇及发展路径》，载《语文学刊》2016 年第 3 期。

[4] 石嵩：《论大学英语教学改革与少数民族大学生中国梦的实现》，载《大学》（研究版）2014 年第 11 期，第 47、第 54 页。

（作者单位：外国语学院）

① 石嵩：《论大学英语教学改革与少数民族大学生中国梦的实现》，载《大学》（研究版）2014 年第 11 期。

学习“高脚马”运动技能对女大学生平衡能力影响的实验研究[①]

张凤民　李云梦　于　浩　王　伟

一、引　言

“高脚马”，又称高脚竞速，是湘、鄂、渝、黔土家族、苗族等少数民族聚居区喜闻乐见的一项民间体育运动，近些年来在国家重视发展少数民族传统体育文化的背景下，得到了广泛的传播和发展，并在新一轮体育课程改革中受到青睐，一些学校将“高脚马”引入校本体育课程进行尝试。在“高脚马”项目融入校本体育课程的过程中，面临最大的问题就是“高脚马”项目的体育锻炼价值尚未得到科学的验证。平衡能力是体育锻炼价值的重要指标之一，是人体的一项重要生理功能，是人体完成各种动作表现的重要保障，也是个体学习各项运动技能的基本前提。学习“高脚马”技能是在一种不稳定条件下进行的，上下肢同边配合是“高脚马”技能所特有的运动形式。关于学习“高脚马”技能对提高个体平衡能力的作用，目前只有《AP、T、C、T/C 及平衡能力对高脚竞速运动选材和训练的影响》[②] 一文对其进行了相关研究。该文比较了高水平高脚竞速运动员与一般水平运动员的平衡机能。该研究结果认为，平衡机能可以作为一项重要指标应用到科学选拔高脚竞速运动员中，但该研究未涉及学习“高脚马”技能对提高大学生平衡能力的作用。本文拟采用教学实验方法，探索学习“高脚马”技能对提高女大学生静态和动态平衡能力的影响作用，为明确“高脚马”项目的锻炼价值提供实验支撑，同时也为研究其他少数民族体

① 本文系中央民族大学“2016 年中央高校建设世界一流大学（学科）和特色发展引导专项资金”资助项目（MZDXTYJY2016－03）。

② 万利：《AP、T、C、T/C 及平衡能力对高脚竞速运动选材和训练的影响》，载《宜宾学院学报》2010 年第 6 期。

育项目的锻炼价值提供一种可供参考的研究范式。

二、研究对象与方法

（一）研究对象

以“学习‘高脚马’动作技能对女大学生平衡能力的作用”作为研究对象。以中央民族大学2014级选修大学体育的23名女学生作为实验对象。实验对象均无膝关节功能障碍等疾病。

（二）研究方法

1. 教学实验法

本文采用教学实验法，对选修公共体育的23名女生进行为期八次课的“高脚马”动作技能教学。第一和第八次课安排的内容分别为平衡能力的前测、后测。第二至七次课学习“高脚马”技能，每次课的练习时间约为45分钟。本文根据刘崇等人的《人体平衡能力的评价系统》① 一文中关于平衡能力测试方法的研究，并根据实际情况，选取了测试平衡能力的两大类指标：一是静态平衡能力的测量，主要使用强化 Romberg 检查法（Strengthening Romberg's Test，SRT）和闭目单足站立测试法（Stork Stand Test，SST）；二是动态平衡能力的测量，运用平衡木行走法（Balance Beam Test，BBT）和闭目原地踏步测试法（Closed Cycles Test，CCT）。

闭目单足站立测试法是测量人体平衡能力的常规方法，特别适用于青少年人群。测试时，要求受试者赤足、两手叉腰，一只脚支撑并脚尖朝前，另一只脚抬起紧贴支撑脚的跟腱处。记录单足站立的时间，测试两次，中间间隔5分钟，取最好成绩。在测试过程中，受试者出现睁眼、手离开腰、支撑脚移动等情况，都应立刻停表。

强化 Romberg 检查法要求受试者双手叉腰，任意一只脚的脚尖紧贴另一只脚跟一字站立，当听到“开始”口令后，受试者同时抬起前脚的前脚掌和后脚的脚跟，记录维持该姿势的时间。测试两次，取最好一次成绩。出现手离开腰、前脚的前脚掌或后脚的脚跟着地、身体失稳等情况则停表。

---

① 刘崇、任立峰等：《人体平衡能力的评价系统》，载《中国组织工程研究与临床康复》2009年第2期。

平衡木行走法是较早被运用于测试动态平衡能力的方法。测试时，受试者站于平衡木（长10米、宽0.1米、高0.3米）的一端，听到“开始”的口令后，迅速行走，记录行走往返的时间，测试三次，取最好一次成绩。受试者在未完成往返行走过程中，身体任何部位触及地面必须重新开始。

闭目原地踏步测试法要求受试者双脚并拢站立于直径为0.4米的圆圈中央，听到“开始”的口令后，闭眼且以每分钟120步的频率原地踏步，一脚触及圈线即停表，记录此持续时间，测试三次，取最好成绩。

2. 数理统计法

对实验中测得的单足闭目、强化Romberg检查法、平衡木行走法、闭目原地踏步测试法的前、后测数据采用配对样本T检验，运用SPSS20.0进行统计分析。

三、研究结果与分析

（一）学习“高脚马”动作技能对提高女大学生动态平衡能力的作用

由表1可知，经过六次课的“高脚马”技能学习，女大学生两项静态平衡能力测试强化Romberg检查法和闭目单足站立测试法的前、后测成绩均存在高度显著性差异（P<0.001）。

表1　学习高脚马技能前、后，女大学生静态平衡能力差异比较

项目	成对差分					t	df	sig（双侧）
	均值	标准差	均值的标准差	差分的95%置信区间				
				上限	下限			
强化Romberg	16.21	15.98	3.33	9.30	23.12	4.86	22	0.000***
闭目单足站立	21.70	15.89	3.31	14.83	28.58	6.55	22	0.000***

***表示P<0.001，具有高度显著性差异。

（二）学习高脚马动作技能对提高女大学生动态平衡能力的作用

表 2　学习高脚马技能前、后，女大学生动态平衡能力差异比较

<table>
<tr><td rowspan="3">项目</td><td colspan="5">成对差分</td><td rowspan="3">t</td><td rowspan="3">df</td><td rowspan="3">sig（双侧）</td></tr>
<tr><td rowspan="2">均值</td><td rowspan="2">标准差</td><td rowspan="2">均值的标准差</td><td colspan="2">差分的 95% 置信区间</td></tr>
<tr><td>上限</td><td>下限</td></tr>
<tr><td>平衡木行走</td><td>-0.45</td><td>1.22</td><td>0.25</td><td>-0.97</td><td>0.08</td><td>-1.76</td><td>22</td><td>0.093</td></tr>
<tr><td>闭目原地踏步</td><td>1.79</td><td>4.65</td><td>0.97</td><td>-0.22</td><td>3.8</td><td>1.85</td><td>22</td><td>0.078</td></tr>
</table>

由表 2 可知，经过六次课的“高脚马”技能学习，女大学生在动态平衡能力测试之一“平衡木行走”的前、后成绩不存在显著性差异（$P_{平}=0.093>0.05$），在动态平衡能力测试之二“闭目原地踏步”的前、后测成绩也不存在显著性差异（$P_{闭}=0.078>0.05$）。

四、讨论与分析

由表 1 可知，经过六次课的“高脚马”技能学习，女大学生的静态平衡能力（强化 Romberg、闭目单足站立）取得显著性提高；而从表 2 可知，六次课的“高脚马”技能学习未对女大学生动态平衡能力的提高起到显著作用。分析其中的原因，应从人体平衡能力的机理、训练原理和“高脚马”项目的运动特性入手。

从生理学角度来说，人体的姿势平衡依赖于中枢系统对视觉、本体感觉和前庭觉信息的协调和对运动效应器的控制。① 从力学角度来看，影响人体平衡的主要因素有三个：一是人体重心的高低；二是支撑面的面积；三是支撑面的稳定性。② 人体的重心越低，保持平衡时支撑面面积越大，支撑面越稳定，平衡就越容易保持。③ 反之，在重心高、支撑面小、支撑面不稳定的条件下，保持身体平衡的难度越大，需要中枢神经系统整合视觉、本体感觉和前庭觉信息，编码输出运动指令，最大程度地动员相关神

---

① 程嘉、王玉凤：《注意缺陷多动障碍儿童与正常儿童平衡功能发育特点比较》，载《北京大学学报》（医学版）2007 年第 5 期。

② 陈海霞、宁宁：《人体平衡功能评定研究的最新进展》，载《现代护理》2006 年第 12 期。

③ “人体测量与评价”编写组：《人体测量与评价》，高等教育出版社 1990 年版。

经肌肉系统参与到维持身体平衡的活动中。日本学者渡部和彦（2014）等提出了“外部干扰—身体平衡适应理论”，通过在不稳定性条件下的适应性学习，能够有效地提高身体平衡机能。在这个适应性的学习过程中，人体需要经历反射性控制、反应性控制、预测性控制三个适应过程。①“高脚马”的运动特性在很大程度符合上述理论观点，“高脚马”的器材构造决定学习者必须时刻克服重心高、支撑面小而不稳定、同边手脚协调配合等不利条件来维持身体的平衡和运动。以上观点在一定程度上解释了六次“高脚马”技能学习对于提高女大学生的静态平衡能力具有显著性作用的原因。

此外，已有的国内外研究表明，踝关节力量是平衡功能的决定因素。②“高脚马”器材特点要求学习者前脚掌踩在脚蹬上，后脚跟悬空，双手握住高脚马杆的上端，身体微微前倾，同边手和脚相互配合，腿上抬和手臂做提拉动作，在跑动中摆动腿要高抬，支撑腿用力向后下方蹬直。在这一过程中，由于要克服不稳定条件保持身体动态平衡，神经系统必须最大限度地调动踝关节周围肌肉来维持这个平衡，踝关节始终处于跖屈状态，而维持踝关节跖屈的主动肌—腓肠肌和比目鱼肌要始终保持适度的收缩。此外，在这一过程，膝关节始终保持微屈，维持膝关节微屈姿势的股四头肌、前交叉韧带等肌肉保持收缩，髋关节保持稳定，相关肌肉，如臀大肌、臀中肌、臀小肌、股二头肌等保持适度收缩，以维持身体平衡。在整个运动过程中，踝、膝、髋关节周围的韧带和肌肉协同用力，保持适度的张力来维持身体动态平衡，相关肌肉力量得到明显提高，踝关节力量的提高尤为突出。踝、膝、髋关节周围的韧带和肌肉力量的提高，一定程度上提高了学习者的平衡能力。

至于为什么六次课的“高脚马”技能学习显著地提高了女大学生的静态平衡能力，而对动态平衡能力的提高作用不显著，本研究认为需要从静态平衡和动态平衡的特性入手进行探讨。

静态平衡能力是指维持人体重心与姿势相对静止的静态姿势能力③，

---

① 渡部和彦、王芸：《老年人的身体平衡能力与“外部干扰适应理论”》，载《体育科学》2014 年第 2 期。

② Shodell M, Siegal FP. Circulating, interferon - producing plasmacytoid dendritic cells decline during human ageing. Scand J Immunol, 2002, 56 (5): 518 - 521.

③ 刘阳：《人体平衡能力测试方法及平衡能力训练的研究进展》，载《沈阳体育学院学报》2007 年第 4 期。

静态平衡需要肌肉的等长收缩[①]，又称为静力收缩，等长收缩时肌肉的长度不变，可以使控制静态平衡相关关节保持在一定的位置，从而使身体保持了某种特定的姿势。也就是说，通过训练，静态平衡能力的提高是相对容易的。以上理论为本研究的结果之一：六次课“高脚马”技能学习显著提高了女大学生的静态平衡能力，提供了强有力的支撑。

可为什么同样的学习却没有显著提高女大学生的动态平衡能力？分析其中原因，本研究认为应从动态平衡能力的特点入手。动态平衡能力指在运动的状态下，对人体重心和姿势的调整和控制能力。人体动态姿势平衡功能涉及感受器的敏感性、感受信息传入通路、中枢的整合和神经—骨骼肌传出通路等部分的综合性能。[②] 维持身体的动态平衡，需要人体中枢神经系统整合人体多个部分相互协调配合完成。身体的动态平衡能力，应该是在逐渐掌握动作技能的基础上发展起来的，一般需要多次有效练习才能获得。由于本研究安排的学习次数较少，时间较短，这可能是经过六次“高脚马”技能的学习，未能使女大学生动态的平衡能力显著提高的主要原因。

五、结　论

短期的“高脚马”技能学习能够明显地提高女大学生静态的平衡能力，但对提高女大学生的动态平衡能力作用不明显，可能与练习时间不够长有一定的关系。

六、展　望

在后续研究中，应增加学习“高脚马”技能的课时，以验证学习“高脚马”技能对提高大学生的动态平衡能力的作用；同时，还应在实验对象中增加男性大学生。此外，还可以探索实验对象学习“高脚马”技能的效果（速度）与身体平衡能力发展的关系。

---

① 刘崇、任立峰等：《人体平衡能力的评价系统》，载《中国组织工程研究与临床康复》2009 年第 2 期。

② 刘阳：《人体平衡能力测试方法及平衡能力训练的研究进展》，载《沈阳体育学院学报》2007 年第 4 期。

参考文献

[1] 万利：《AP、T、C、T/C 及平衡能力对高脚竞速运动选材和训练的影响》，载《宜宾学院学报》2010 年第 6 期。

[2] 刘崇、任立峰等：《人体平衡能力的评价系统》，载《中国组织工程研究与临床康复》2009 年第 2 期。

[3] 程嘉、王玉凤：《注意缺陷多动障碍儿童与正常儿童平衡功能发育特点比较》，载《北京大学学报》（医学版）2007 年第 5 期。

[4] 陈海霞、宁宁：《人体平衡功能评定研究的最新进展》，载《现代护理》2006 年第 12 期。

[5] “人体测量与评价”编写组：《人体测量与评价》，高等教育出版社 1990 年版，第 232－238 页。

[6] 渡部和彦、王芸：《老年人的身体平衡能力与“外部干扰适应理论”》，载《体育科学》2014 年第 2 期。

[7] Shodell M, Siegal FP. *Circulating, interferon－producing plasmacytoid dendritic cells decline during human ageing. Scand J Immuno*1, 2002, 56（5）：518－521.

[8] 刘阳：《人体平衡能力测试方法及平衡能力训练的研究进展》，载《沈阳体育学院学报》2007 年第 4 期。

（作者单位：体育学院、天津职业大学）

专业与课程建设

少数民族学生在跨文化背景下汉语学习现状调查与研究[①]

——以北方民族大学预科新疆班为例

赵凤珠　冯丽娜　陆　晨　庞　欣

一、调查背景

CSL 工作坊于 2012 年底立项，课题全称为“不同文化背景对第二语言学习（汉语）的影响探究”。本课题主要探究的是母语文化和汉文化两个方面对第二语言学习者的影响，包括对来自不同地区、不同民族的第二语言（汉语）学习者的研究。项目参与者包括一线教师和应用语言学专业的研究生。参与项目的教师长期从事对内汉语的教学与研究，主要教学与研究对象是新疆地区的预科生，这次调查的主要目的是了解新疆地区的少数民族学生离开母语文化的环境，来到以汉文化为主的多元文化环境中学习汉语的情况，因此，我们选择了北方民族大学预科学院新疆班作为调查点。

北方民族大学位于宁夏回族自治区首府银川市，是我国唯一建立在少数民族自治区的部属综合性民族高校，直属国家民族事务委员会。学校现有来自全国 31 个省、市、自治区的 56 个民族的硕士生、本科生、预科生 2 万余人在读。目前，学校设有文学、理学、工学、法学、历史学、管理学、经济学、艺术学、教育学、医学 10 个学科门类。

北方民族大学预科教育学院原名预科部，创建于 1984 年，是学校建校初期的三个教学单位之一。现学院下设四个教研室和一个实验教学中心。教研室分别为汉语教研室、理科教研室、英语教研室和少数民族语言教研室。学院现有教职工 23 人，其中教授 1 人，副教授 8 人，讲师 11 人，具

---

① 本文是 2012 年度中央民族大学校级工作坊项目“不同文化背景对第二语言学习（汉语）的影响探究”的阶段性成果。

有硕士学位的教师 11 人。招收的新疆民考民班（少数民族学生自幼接受民族语教育，高考时亦使用民族语考卷，相对于“民考汉”概念，下同），学制 2 年，课程设置中与汉语相关的课程有汉语精读、汉语阅读、汉语写作、MHK 考试指导（MHK 即少数民族汉语水平考试）、中华文明概论；招收的新疆民考汉班（少数民族学生自幼接受汉语教育，高考时亦使用汉语考卷，相对于“民考民”概念，下同）文科类，学制 1 年，课程设置中与汉语相关的课程有中国传统文化、大学语文、普通话与表达能力训练；招收的新疆民考汉班理工类，学制 1 年，课程设置中与汉语相关的课程有中国文明概论、大学语文、普通话与表达能力训练。

2016 年 10 月，中央民族大学“CSL 第二语言（汉语）学习工作坊”的成员，为了解新疆生源的少数民族学生在以汉文化为主的多元文化环境中学习汉语的情况，赴北方民族大学预科学院新疆班实地走访调研。

二、调查对象

调查对象为北方民族大学预科学院新疆班的学生。在调研时，我们选取了 2015 级民考民班级（以下简称 2015 级）和 2016 级民考汉班级（以下简称 2016 级）发放问卷、组织讨论、进行访谈等。调查总人数为 65 人，其中维吾尔族 52 人，哈萨克族 9 人，其他民族 4 人。发放问卷 65 份，回收 65 份，问卷回收率 100%，样本量为 65 人。其中 2015 级为 30 人，2016 级为 35 人。

三、调查方法

（一）问卷调查

调研之前，工作坊成员就少数民族学生到跨文化的环境中学习汉语可能遇到的问题进行了探讨，并设计了详细的调查问卷题目（见附录）。

（二）问卷核实

核实问卷就是要判断：何为有效问卷？何为无效问卷？调查表中个人主要信息如民族、年龄没有填写的，被视为无效问卷；个人信息完全填写的，对于调查表中的问题也要全部填写答案，若对问题的回答前后不一致，即使对问卷进行内部逻辑检验也不能判断调查对象是如实地填写了问卷，这样的问卷也被视为无效问卷。

（三）座谈访谈

在调研过程中，工作坊成员走进班级，通过集体的座谈、讨论，个体的深入访谈，进一步了解学生在跨文化背景下汉语学习方面的情况。

四、数据量化与处理结果

我们对2015级和2016级两个班的调查问卷进行了统计、分析，具体情况如下：

两个班共65名学生，其中2015级30人，2016级35人（见表1）。两个班级的汉语教师均为汉族人，不会民族语。学生使用的汉语教材为汉语单语版。

表1 学生背景信息

年级	人数	男生数	女生数	年龄（岁）
2015	30	16	14	18～21
2016	35	11人	24	17～20

通过对收回的65份有效问卷进行分析，我们认为，以汉文化为主的多元文化环境对新疆地区少数民族学生汉语水平有积极影响。以下是具体的问卷分析：

我们将问卷分为四个部分：汉语掌握情况、日常交流情况、休闲娱乐活动、汉语写作能力（语言组织能力）。

在第一部分关于汉语掌握情况的4个问题（1～4题）中，第一个问题：MHK三级考试通过情况？结果显示，2015级和2016级两个班有15人通过了MHK考试，其中2015级的学生有12人通过，2016级的学生有3人通过。在我们调研的时候，2016级的同学还没有组织集体报名参加MHK考试，只有个别同学自愿参加考试，所以通过MHK考试的合格率来考察学生的汉语水平，只对2015级学生有效，即2015级有40%的学生在预科学习期间通过了MHK考试。

从第2～4题的统计结果看，2015级和2016级两个班的学生中，大部分学生认为汉语的说和写比较难，其中2015级合计有25人，2016级合计有30人。而阅读和口语则是学生最喜欢的两门课（如表2、表3所示）。

表 2 汉语学习哪方面最难

年级	人数	听		说		读		写	
2015	30	3	10.0%	18	60.0%	2	6.7%	7	23.3%
2016	35	2	5.7%	13	37.1%	3	8.6%	17	48.6%

表 3 更喜欢哪门汉语课（多选）

年级	人数	听		说		读		写	
2015	30	9	30.0%	16	53.0%	18	60.0%	6	20.0%
2016	35	9	25.7%	18	51.4%	24	68.6%	9	25.7%

在第二部分与日常交流有关的 6 个问题（5 ~ 10 题）中，第 5 题，65 个学生中，只有 12 人认为银川的语言文化环境对其学习汉语没有帮助；第 6 题，同学们在课外交流时，选择哪种语言，取决于交流对象，即与本民族的人交流使用民族语，与其他民族的人交流使用汉语（说明离开母语环境，用汉语交流的机会多了，对于提高汉语口语表达水平的提升是有帮助的；经常用汉语交流，对于培养汉语思维也是有帮助的）；第 7 题，在宿舍的语言交流情况，2015 级和 2016 级两个班出现了巨大的差异，2015 级学生以民族语交流居多，而 2016 级学生则民汉各半。通过访谈了解到，产生以上差异的原因，主要与 2016 级学生宿舍为各民族混住有关（详见表 4）。

表 4 宿舍同学之间交流选择哪种语言

年级	人数	民族语		汉语		多数情况使用民族语		多数情况使用汉语	
2015	30	12	40.0%	4	13.3%	14	46.7%	0	0.0%
2016	35	10	28.6%	11	31.4%	8	22.9%	6	17.1%

第 8 题，关于课余时间参加社团活动的问题，两个班共有 40 名学生在预科期间参加了社团，且 2016 级的学生更多些；第 9 题，在日常思维时，根据所处的环境选择语言，即有时用汉语思维，有时用民族语思维（说明少数民族学生离开母语环境，用汉语思维的机会多了，对于提高汉语思维能力是有帮助的）；第 10 题，在银川去医院看病描述病情时，首先想到的是用汉语描述，但有时夹杂着民族语的思维。

第三部分关于休闲娱乐活动的 5 个问题（11 ~ 15 题）中，第 11 题，两个班的学生，在选择哪种方式度过节假日的问题上，大多数学生选择逛街、参观、学习；第12题，两个班只有6名学生选择收看民族语类的影视节目；第13题，对于听音乐的问题，学生的选择更加多元化，民族语、汉语以及其他语种都有选择（详见表5）。

表5 听音乐时选择哪种语言的歌曲（多选）

年级	人数	民族语		汉语		多数情况使用民族语		多数情况使用汉语		其他	
2015	30	9	30.0%	11	36.7%	8	26.7%	3	10.0%	8	26.7%
2016	35	6	17.1%	10	28.6%	8	22.9%	4	11.4%	13	37.1%

第14题，学生的课外阅读则以汉语为主；第15题，在日常通讯交流（电话、信息、微信等）时，主要使用汉语，两个班共有22名同学选择民族语。

第四部分主要考察2015级和2016级两个班学生的汉语写作能力。就我们得到的65份问卷，从整体上看，两个班的学生在写作上的表现差异不大。2015级学生有10个人没有写建议，2016级学生有12个人没有写建议，但是在填写建议的学生中，2016级学生的词语、语句运用能力更强一些。

学生普遍认为，学校应该多开设与交流相关的实践课，增加口语课和听力课的课时，认为精读课和阅读课二者同质化，需要优化；2016级学生基于其民考汉的背景，普遍认为现阶段开设的汉语课难度较低。

五、调查结论

在发放问卷及讨论、访谈的过程中观察到2015级和2016级两个班的学生活跃度不同。从整体来看，2016级的学生大多数更活泼，更喜欢交流，更喜欢参加学校的社团活动，休闲娱乐方式的选择更多元，对汉语的接受程度更高。结合问卷的数据分析及访谈内容，本次调查可得出以下结论：

（一）学生在预科之前的汉语学习背景制约其汉语水平的高低

民考民的学生，通过预科两年的学习，其汉语阅读和写作的能力有很大提升，但是口语水平仍然弱于民考汉的学生，而且无论是在预科之前的汉语学习时间上，还是汉语学习方法上，民考汉的学生更有优势。这也是为什么民考汉的学生普遍认为预科阶段的汉语学习难度太低的原因之一。所以，少数民族学生越早接受汉语教育，其汉语水平越高。

（二）学生所处的文化越多元，汉语水平提升越快

民考民的学生，由于大部分在预科之前就读民族学校或者民语班，日常直接接触的是本民族的文化，学习生活中也以使用本民族语言为主；民考汉的学生，大部分在小学开始学习汉语，初中以后就读双语学校或汉语学校，无论是在预科之前，还是在预科阶段，学习和生活中都离不开汉语，所以其汉语水平较高。

（三）学校和社会文化环境影响学生的汉语水平

在我们调研的过程中，大多数民考民和民考汉的学生均表示，学校组织的一些活动和社团、银川市的多民族语言文化环境，对其汉语水平的提升有帮助。民族混住的宿舍环境，也有利于其汉语水平的提高。

六、总　结

（一）调研的收获

本次调研深入北方民族大学预科学院新疆班，发放问卷、组织讨论、个别访谈，获得了宝贵的第一手资料。尤其是在面对面的讨论、访谈中，深切感受到了新疆少数民族学生汉语学习的积极性和主动性，感受到了他们对汉语言和汉文化的认同，感受到了他们迫切想要提升汉语水平的渴望，感受到了他们急切希望提高汉语口语表达能力的需求。总之，感受到的是他们学习汉语的热情、提高汉语水平的愿望。这一现状也激发了我们工作坊成员的工作热情，这是我们此次调研的最大收获。我们将继续关注与研究新疆少数民族学生汉语学习的情况，关注影响他们汉语学习的诸要素并加以探究，如对课程设置、教师素质、教材编写或选用、文化背景等问题进行探究，使少数民族学生更快、更好地掌握汉语，汉语表达更加流畅。

（二）调研存在的不足之处

通过对北方民族大学预科学院新疆班的调研，我们也感觉到了调研工作的不足，之后，我们还将在以下几个方面做更加深入的研究。

1. 获取更全面的数据进行统计、分析

对北方民族大学预科学院新疆班学生的高考成绩（对民考民学生统计民族语文成绩、对民考汉学生统计汉语成绩）、学年汉语成绩、MHK成绩做详细的动态数据跟踪统计，从历时的角度分析其汉语学习的情况；再选取新疆大学预科学院的新疆班学生作为调查对象，也从高考成绩（同上）、学年汉语成绩、MHK成绩入手，了解学生汉语学习的现状；最后将以上两组数据进行对比，从共时的角度分析少数民族学生在跨文化背景下和在母语文化背景下汉语学习的现状，找出学生在不同环境中汉语学习方面的特点，哪些方面取得了成绩，哪些方面存在着不足，进而深究原因，提出改进措施。

2. 找到影响少数民族学生汉语学习的基本因素

通过调研，对不同学校（汉文化背景下和母语文化背景下）的教师情况、教材编写与选用、生源情况、课程设置、教学方法、教学效果等方方面面的情况进行对比分析，再结合学生的汉语学习成绩，找到影响少数民族学生汉语学习的基本因素。通过这样的对比分析，可以看到少数民族学生在什么样的环境下学习汉语更有利；可以看到是环境对汉语学习的影响大还是如上所说的一些基本因素对汉语学习的影响大；可以讨论少数民族学生预科阶段的汉语学习选择在哪里更好的问题。

3. 探讨预科阶段汉语教学的模式

整体考虑影响新疆少数民族学生汉语学习的相关因素，对如何培养汉语教师、如何编写或选用汉语教材、如何设置汉语课型、如何选用教学法等进行有益的探索。如教材的编写或选用应结合学生的特点，教材内容应与时俱进，关注社会，应能吸引学生，调动学生的学习积极性，激发学生的兴趣，教材选得合适，学生受益更多；课型设置要有倾向性，学生喜欢的课程就多开，如口语课、阅读课，兴趣是最好的老师，学生带着兴趣学习，有助于其汉语水平的提高；学生认为难的课程应多开，如写作课，突破学生学习的难点，会大幅度提高其汉语的水平；多开展教学实践活动，包括娱乐活动，学习语言的目的是交际，实践活动将给学生提供更多交流的环境，充分利用一切实践活动让少数民族学生接触汉语、学习汉语、运用汉语，提高其汉语水平。通过多方面的调查、对比、研究，探讨预科阶段汉语教学的模式，争取摸索出一条适合新疆少数民族学生汉语学习的“高速路”，让他们尽快、尽好地掌握汉语，提高他们在社会上的竞争能力。

4. 设计好调查问卷

在设计调查问卷时，尽量把少数民族学生在汉语学习中遇到的问题考虑周全，如个人的能力、态度、兴趣等方面的问题，家庭环境、学校环境、社区环境等问题，学习目的、学习方法、交际习惯等问题，即把发现的问题、有疑问的问题、预设的问题等都设计在问卷中，以期得到较全面的数据。

5. 设计好访谈提纲

在访谈前设计好访谈提纲，充分考虑少数民族学生在汉语学习过程中可能遇到的问题，如学习兴趣、学习动机、学习目的以及对汉语教师的期望、对教材的要求、对课型的需求，甚至对不同课型的课时的要求等，从而有的放矢地与少数民族学生进行对话，了解更多与汉语学习相关的信息。

附录　调查问卷

新疆地区预科生汉语学习情况调查问卷

性别：______　年龄：______　民族：______

预科阶段所在年级：______级

亲爱的同学：

您好！

我们是中央民族大学“CSL 第二语言（汉语）学习工作坊”的成员，为了解新疆地区的少数民族学生离开母语文化的环境，来到汉文化环境中学习汉语的情况，帮助大家更好地学习汉语，优化课程设置，提高教学效率，特设计此份调查问卷。您的参与将会对我们的研究有极大的帮助。我们承诺此问卷仅作为学术研究参考，对于您的个人信息我们将予以保密。请大家如实填写，谢谢！

填表说明：

1. 凡无特殊说明的题目均为单项选择。
2. 请在您认为适合的选项前划“√”。

汉语学习情况及相关问题

1. MHK 三级考试通过情况：

A. 已通过（时间：________　成绩：_______）　　B. 尚未通过

2. 个人认为 MHK 三级考试哪部分最难？
A. 阅读　　B. 听力　　C. 写作
3. 个人认为汉语学习哪方面最难？
A. 听　　B. 说　　C. 读　　D. 写
4. 听、说、读、写等汉语课程中更喜欢学习哪门课？（可多选）
A. 听力　　B. 口语　　C. 阅读　　D. 写作　　E. 其他______
5. 银川的语言文化环境对您学习汉语的影响？
A. 没影响　　B. 略有帮助　　C. 很有帮助
6. 课堂外与同学们交流时使用哪种语言？
A. 民族语　　B. 汉语　　C. 多数情况使用民族语
D. 多数情况使用汉语　　E. 根据交流对象决定
7. 宿舍同学之间交流时使用哪种语言？
A. 民族语　　B. 汉语　　C. 多数情况使用民族语
D. 多数情况使用汉语
8. 课余时间参加了哪些社团活动？（可多选）
A. 没参加　　B. 羽毛球等体育类社团
C. 话剧、舞蹈等文艺类社团
D. 读书会等文学类社团　　E. 志愿者等公益类社团
F. 其他________
9. 日常思维使用哪种语言？
A. 民族语　　B. 汉语　　C. 多数情况使用民族语
D. 多数情况使用汉语　　E. 根据所处的环境决定
10. 在银川生病看医生时，最先想到的是使用哪种语言描述病情？
A. 民族语　　B. 汉语　　C. 多数情况使用民族语
D. 多数情况使用汉语　　E. 以汉语为主，夹杂着民族语
11. 选择哪种方式度过节假日？（可多选）
A. 逛街购物　B. 参观景点、博物馆等
C. 学习　　D. 睡觉休息
12. 看电影、电视剧时选择哪种语言的节目？
A. 民族语　　B. 汉语　　C. 多数情况选择民族语
D. 多数情况选择汉语　　E. 外语（英语、韩语等）
13. 听音乐时选择哪种语言的歌曲？
A. 民族语　　B. 汉语　　C. 多数情况选择民族语
D. 多数情况选择汉语　　E. 外语（英语、土耳其语等）

14. 课外阅读时，选择哪种语言的书籍、报纸、杂志等？

A. 民族语　B. 汉语　C. 多数情况选择民族语

D. 多数情况选择汉语　E. 外语（英语、土耳其语等）

15. 通讯交流（微信、QQ、手机短信、打电话等）时使用哪种语言？

A. 民族语　B. 汉语　C. 多数情况使用民族语

D. 多数情况使用汉语　E. 外语（英语、土耳其语等）

16. 对预科阶段所开设汉语课程的设置和课时安排有何看法及建议？

____

____

____

本调查到此结束，感谢您的配合！

中央民族大学 CSL 工作坊

（作者单位：预科教育学院、少数民族语言文学系）

我校艺体类计算机技术基础课程的微课教学实践①

吴 婷 陈 梅②

一、背 景

进入21世纪，随着网络技术以及通信技术的飞速发展，终身教育、信息化教育、计算机辅助教学等已成为数字化时代教育发展的未来走向。尤其在近几年，移动设备与云端的结合，如MOOC、翻转课堂等，对我国高等教育的改革产生了重要影响。微课是在单一知识点范围内进行信息化的教学设计后，所形成的数字化学习资源（包括图像、文字、动画、声音等）。它凭借短小精悍、主题单一等优点，满足了高校学生对于学习方式的灵活性、针对性的需求，为培育具有自主学习能力的新时代人才提供了契机。

二、微课在艺体类计算机技术基础课程的适用性分析

计算机技术基础是一门全校必修课，帮助学生掌握计算机的基本知识、熟练运用基本操作，培养学生信息处理、多媒体制作和网络操作的能力，在人才培养中有着无可替代的重要作用。③ 我校艺体类计算机技术基础课程是四节课连上，每节课45分钟，前两节课主要由教师讲授，后两节课是学生练习。但这样的教学模式容易造成学习效率低下、课堂单调乏味等问题，而这样的问题在艺体生中更为明显。因此，根据该课程和微课的特点，从2015

① 感谢北京市优秀人才培养资助项目（2016000020124G120）和学校自主科研项目（2016KYQN40）对本门课程改革的支持。

② 陈梅，通讯作者。

③ 孙娟红、王芬琴、马君：《独立学院大学计算机基础课程的教学研究——以兰州交通大学博文学院为例》，载《中国培训》，2017年6月15日，网址为 http：//kns. cnki. net/kcms/detail/11. 2905. G4. 20170615. 1851. 600. html. DOI：10. 14149/j. cnki. ct. 20170615. 300。

年 3 月开始，针对美术学院和体育学院的学生，笔者进行了微课教学实践。首先，笔者主要从课程内容、学生、教学条件这三个角度对微课在计算机技术基础的适用性进行前期分析，为微课的设计和制作提供支持。

（一）基于课程内容的分析

根据我校实际情况，计算机技术基础课针对艺体类学生的教学内容主要包括 Dreamweaver、PS、Fireworks、Flash 软件等。这部分知识大多属于程序性知识。程序性知识是指一套办事的操作步骤，即关于“怎么办”的知识。学生通过反复实践操作，掌握基本操作技能等。

首先，艺体类学生对于 Dreamweaver、PS、Fireworks、Flash 这部分操作性知识的掌握不可能是一蹴而就的，他们需要通过逐一学习单一技能从而完全掌握这项技能。其次，对这部分操作性知识的掌握有赖于课后的练习，但在传统教学模式中，课后练习缺少教师的个性化辅导与同伴的交流，学生遇到困难不能得到及时解决，容易在学习过程中丧失学习兴趣。而微课凭借其短小精悍（通常少于 10 分钟）、主题突出（1 课时只有一个主题）、资源多样（摄录类、动画类等）、情境真实、使用方便、易于扩充、可反复观看等特点，对于呈现内容上、组合形式上相对独立的技能具有得天独厚的优势。因此通过一系列微课，可将这门课所涉及的技能完整地呈现出来。① 同时，还有利于学生梳理知识点之间的关系，引发学生对互相联系的事物的思考。

（二）学习者特征分析

本课程主要面向的对象是艺体生，艺体类学生的学习普遍存在以下问题：（1）艺体生文化基础相较于文理生较低，思维逻辑更偏向感性，而计算机技术基础课程的基本操作是包含逻辑性的，因此对于艺体生来说存在一定的难度。②（2）艺体生的课堂注意力集中时间较短，一般在 10 分钟左右，而传统课堂的时间一般在 40 ～ 50 分钟左右，而对于操作性知识的掌握，学生错过其中的一个步骤就很可能无法完成任务，因此学生会容易丧失学习兴趣，出现走神、上课玩手机等现象。（3）学生原有知识基础参差不齐，不仅不同专业之间的学生存在差异，相同专业的学生因为教育背景

---

① 黎加厚：《微课的含义与发展》，载《中小学信息技术教育》2013 年第 4 期。

② 刘洋、李瑛、万铮：《对艺体类学生计算机基础教学方法的研究》，载《亚太教育》2015 年第 19 期。

不同、成长环境不同，对于相同知识的内化速度不同也存在较大差异。在传统的大班制、讲授制为主的教学模式中，教师很难在时间有限的课堂中兼顾所有学生的学习差异。而微课能很好地满足信息时代下学生的个性化学习需求。所谓个性化学习，是指学习者根据自己的学习目的和知识背景，选择不同的课程和课程参与方式。①

（三）教学环境分析

信息化教学环境在高校的普及，为微课在教学中的运用提供了可能。信息化教学环境可以分为硬件和软件两个方面，硬件方面主要涉及教室层次、校园网层次等，软件方面主要涉及网络教学平台、网络课程等。② 我校提供的硬件设施是配置良好的计算机网络教室，软件方面购买了第三方网络教学平台，这些都为开展微课教学提供了极大的便利。

三、微课的设计原则

微课的设计原则遵循的是"微课程教学法"。它是国外翻转课堂与我国教学实际情况相结合的一种教学方法。其定义是云计算环境下"导学一体"的基本模式，主要包括自主学习任务单、配套教学资源、课堂教学方式创新三大模块，如图 1 所示。③

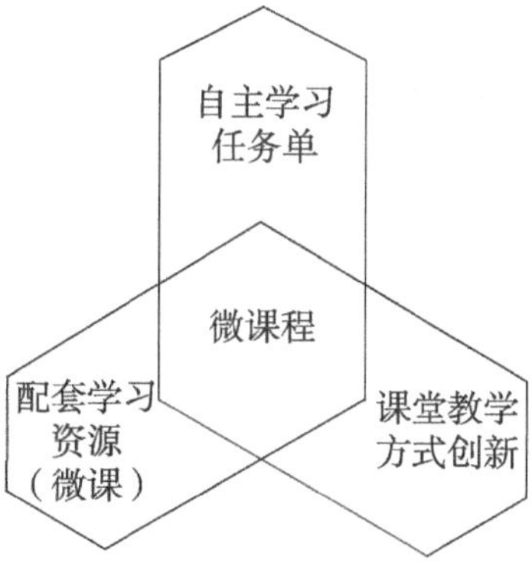

图 1　微课程基本结构

---

① 杨玉芹：《MOOC 学习者个性化学习模型建构》，载《中国电化教育》2014 年第 6 期，第 6－10 页。
② 张剑平：《现代教育技术》，高等教育出版社 2016 年版。
③ 金陵：《建构中国特色的"微课程教学法"》，载《中国信息技术教育》，2013 年第 12 期。

微课程教学法将自主学习任务单、配套教学资源、课堂教学方式创新分两个部分实施：一是课前活动，二是课堂活动，如图 2 所示。① 学生在课前自学时需要老师提供一个“支架”，这个支架就是老师提前编辑好的自主学习任务单和微课程的视频资源，不同于传统课堂的授课，课堂上老师集中精力进行疑难问题的解答，提供有针对性的指导。

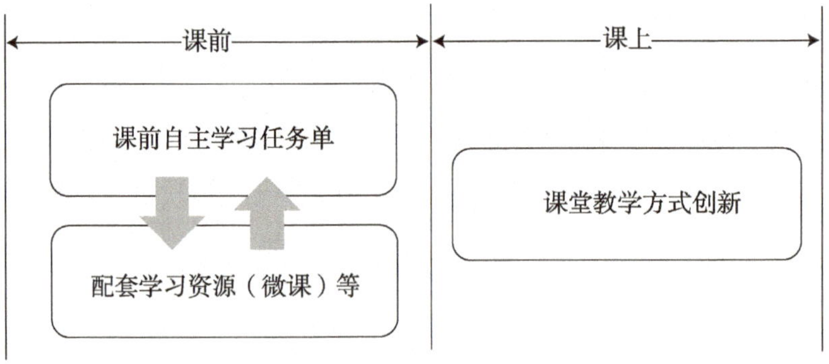

图 2　以课时为单位的教学活动

根据我校的实际情况，我们可以对“微课程教学法”进行略微改动，即课前教师准备自主学习单，并提前通过网络学习平台提前告知学生，由于目前课程还是四节课连上，课堂时间较为充足，所以学生课前无须预习，预习活动在课上进行即可。课内的构成分为 AB 型教学两部分，A 是指老师课上辅导学生练习，B 是学生自主学习，根据不同课程内容，课上的结构可以是 AB、BA、BAB、ABA 等。②

四、基于网络教学平台的网页设计与制作课程开发

网页设计与制作课程开发涉及多种软件的使用，以 Dreamweaver 软件使用为核心，本文以 Dreamweaver 的操作为例进行微课教学实践说明。

（一）微课制作流程分析

传统课堂是先教后学，教学结构分为课上与课下两个部分，为了在既

---

① 金陵：《建构中国特色的“微课程教学法”》，载《中国信息技术教育》2013 年第 12 期。

② 黎加厚：《微课程教学法与翻转课堂的中国本土化行动》，载《中国教育信息化》2014 年第 14 期。

定的时间内达到传授知识的目的，课堂上教师讲授知识，学生负责认真听讲，师生交流少。而基于网络教学平台的课程改革，改变为两节课讲、两节课练习的方式，使用任务驱动策略，利用微课方式，进行小专题教学。表 1 主要描述了具体的教学流程。

表 1　教学流程

时间	教师活动	学生活动	目的
课前	1. 准备学习资源（文字与微视频资源） 2. 通过超星学习通发布学习任务清单 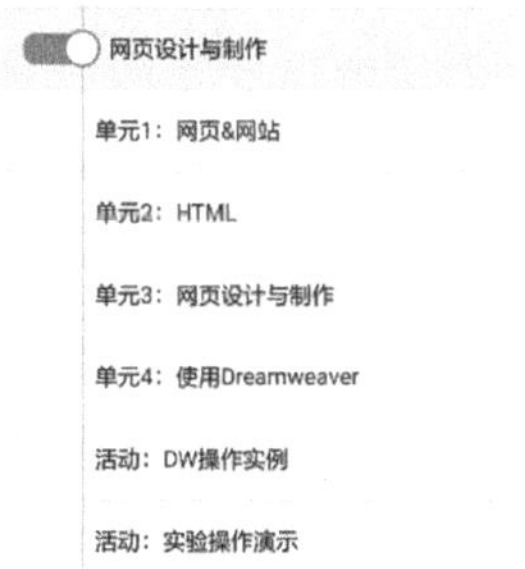 3. 在网络教学平台录入课上需要用到的测试题		教师划分知识单元，为学生提供学习支架
课上	1. 通过网络教学平台，告知学生任务单，并播放提前准备好的视频 2. 教师对重点难点内容进行点拨 3. 进行随堂测验，题目由系统随机抽取，测试成绩作为平时成绩的一部分	1. 学生根据学习任务单，自主观看微课视频进行学习 2. 学生在教师的指导下，进行操作性技能的练习与巩固 3. 学生对所学知识进行检验	1. 学生根据自己需求进行个性化学习，提高自主学习能力 2. 微课教学在讲授某个知识点时完整、高效，可以留出更多课堂时间进行师生之间的互动，促进学生对知识点的进一步内化 3. 随堂测验的随机性可以进一步提升学生的有效学习
课后	在网络学习平台上布置课后习题	1. 完成课后习题 2. 对于还没有搞懂的知识点，学生可以在超星学习通上进行反复学习	学生根据自己的掌握情况，进行个性化再学习

（二）微课制作案例

下面以“插入超链接”为例。从插入超链接课来看，重难点为掌握插入超链接的三种方式，即图像超链接、文字超链接、锚链接。基于网页设计与教学的实践，介绍钓鱼网站，让学生深入掌握信息安全知识。学生情况：由于学习者主要是刚刚进入大学的艺体类学生，且对其掌握网页代码知识不做要求，所以超链接只在 Dreamweaver 的设计视图中进行，如表 2 所示。

表 2　插入超链接微课设计

<table>
<tr><th>微课设计</th><th>内容环节</th><th>画面呈现（录屏）</th></tr>
<tr><td>一、片头
（约 30 秒）</td><td>超链接是网页中的一个重要组成部分，它能够实现网页的跳转。今天我们将要学习如何在 Dreamweaver 设置超链接</td><td>呈现微课主题</td></tr>
<tr><td rowspan="5">二、技能讲解（5 ～ 6 分钟）</td><td colspan="2">主要讲解三种超链接的设置方式：1. 图像超链接
2. 文本超链接
3. 锚链接</td></tr>
<tr><td colspan="2">1. 创建图像链接：
【菜单栏】—【插入】—【图像】—选中图像—【属性面板】—【链接】</td></tr>
<tr><td colspan="2">2. 创建文字链接：
选中链接文字—【属性面板】—【链接】—【输入链接网址】
提示：输入链接时，必须加入 http：//</td></tr>
<tr><td colspan="2">3. 创建锚链接：
选中内部的被链接到的锚记—【菜单栏】—【插入】—【命名锚记】
选中链接文字—【属性面板】—【链接】—输入刚刚命名的锚记（注意添加“#”）</td></tr>
<tr><td colspan="2">4. 钓鱼网站：
钓鱼网站通常是仿照真实网站的链接地址和页面内容，来骗取用户的私人信息或钱财
我们平时上网时要多多留心，注意查看网址链接是否正确，保护好自己的财产信息安全
如 www. taobao. com 被模仿成 www. taobao. com. cc，播放钓鱼网站的介绍视频</td></tr>
<tr><td>三、结尾
（20 秒）</td><td>本节的微课就到此为止，请同学们完成超星学习平台的课后练习题，下一节课我们将要介绍网页表格的制作</td><td>呈现制作信息</td></tr>
</table>

五、结论与建议

（一）微课效果

两年来的实践表明，微课作为一种新的教学手段，其优势主要体现在以下两点：

1. 有利于学生进行自主学习，基础薄弱、羞于发问的学生可以通过反复观看视频习得学习内容，而基础较好的学生可以接着学习不同的选修内容，从而满足学生的个性化学习需求。

2. 混合式学习模式，改变了沉闷的课堂气氛，提高了学生学习的主动性和课堂效率。

（二）实施建议

1. 教师角度

（1）教师在准备针对艺体生的微课视频时，操作类以 3 ～5 分钟为佳，知识介绍类以不超过 10 分钟为宜。

（2）由于艺体生在学习的主动性方面相对欠缺，教师可以通过充分利用网络教学平台，利用课堂作业、小测验、作业互评等方式，尤其是充分利用网络平台的随机出题功能，给各个学生不一样的题目，以督促学生学习。

（3）大学艺体生虽然文化基础薄弱，但在接受多年的基础教育后，具有一定的自学能力，教师在学生自主学习过程提供“支架”。由于学生的原有知识基础不同，对学习材料的需求也不尽相同，所以，教师的教学设计应该考虑不同的学习者，提供的材料也应该是多种多样的，同时对学习结果的测量也应是多元的。

（4）目前，网络应用的迅速发展与偏低的民众网络安全意识相互矛盾，提高民众的网络安全意识成为一个重要问题。教师在网页制作的微课教学中有多处可以与网络信息安全教育相结合。例如：在超链接中介绍钓鱼网站、https 和 http 的区别等以加强学生的认识，在表单中介绍密码破译的基本原理，使学生掌握密码设置的基本原则等，这不仅有利于活跃课堂气氛、提高学习兴趣，而且还能提高学生网络安全水平。

（5）学生在学习过程中遇到问题，有一部分可以通过回顾微课得以解决，但另外一部分问题可能需要向老师、同学寻求帮助，所以老师可以组织学生建立线上的讨论组，方便师生之间的讨论、交流。

2. 学校角度

（1）传统计算机技术基础课程四节课连上，普遍存在的问题是后两节课效率低，且艺体类学生参加训练、展演较多，后两节课经常有人请假。微课的引入，极大提高了学习效率，发挥了学生的主动性，学生完全可以通过网络平台上的课程完成知识的汲取与吸收。如果能改原有四节课连上为两节课面授，其他内容网上自主学习，强调以学为中心，更符合艺体类学生的特点。

（2）为了保证微课教学质量，学校也要加强对教师信息化素养提升，如开设视听心理学、视音频技术、艺术修养等方面的培训。

（3）加强微课建设，建立专用资金用于微课课程建设，并且增设助教，以利于建设高水平的微课课程。

参考文献

[1] 孙娟红、王芬琴、马君：《独立学院大学计算机基础课程的教学研究——以兰州交通大学博文学院为例》，载《中国培训》，2017 年 6 月 15 日，网址为 http：//kns. cnki. net/kcms/detail/11. 2905. G4. 20170615. 1851. 600. html. DOI：10. 14149/j. cnki. ct. 20170615. 300。

[2] 黎加厚：《微课的含义与发展》，载《中小学信息技术教育》2013 年第 4 期。

[3] 刘洋、李瑛、万铮：《对艺体类学生计算机基础教学方法的研究》，载《亚太教育》2015 年第 19 期。

[4] 杨玉芹：《MOOC 学习者个性化学习模型建构》，载《中国电化教育》2014 年第 6 期。

[5] 张剑平：《现代教育技术》，高等教育出版社 2016 年版，第 123－124 页。

[6] 金陵：《建构中国特色的“微课程教学法”》，载《中国信息技术教育》2013 年第 12 期。

[7] 黎加厚：《微课程教学法与翻转课堂的中国本土化行动》，载《中国教育信息化》2014 年第 14 期。

（作者单位：信息工程学院）

中企与俄罗斯、中亚油气合作的外语需求对民族院校的启示[①]

赵春晶　孙　吉

一、引　言

“一带一路”倡议提出后，以油气为代表的能源合作已成为“丝绸之路经济带”建设的重要引擎。经济带上毗邻我国边疆少数民族地区的俄罗斯和哈萨克斯坦、吉尔吉斯斯坦、塔吉克斯坦、乌兹别克斯坦、土库曼斯坦等位于中亚地区的国家，油气资源丰富，是仅次于中东的世界重要能源供应基地，更是与我国开展能源合作的重要伙伴。可以预见，伴随“丝绸之路经济带”建设的发展，我国油气行业与以上国家的上下游全产业链合作还将不断深入。民族院校也在助力中国与这些国家之间联合发展，深化能源领域合作等方面不断探索。2016 年 12 月，中央民族大学还成立了能源研究院，力图利用民族院校在语言、经济等方面的优势，助推中俄能源合作，这是民族院校服务“一带一路”和中企“走出去”战略的重要举措。“一带一路”建设需要语言铺路。[②] 油气能源业是中企国际化的先导产业，其外语需求也有一定的代表性和可借鉴性。因此，对中企与俄罗斯、中亚油气合作中的外语需求研究，是助力其合作不可或缺的重要组成部分。

笔者经过检索发现，目前全部基于具体行业与俄罗斯或中亚国家合作中外语需求的调研基本上处于空白。为此，本研究借鉴相关成果积累的经验，通过调查研究，分析中资油气业在与上述国家合作中，对外语人才的诉求，说明民族院校目前外语教育中面临的形势，为民族院校外语学科建

---

① 本文系 2015 年国家社会科学基金项目“俄语语篇整合性研究”（项目编号：15BYY191）的阶段性成果。

② 李宇明：《“一带一路”需要语言铺路》，载《人民日报》，2015 年 9 月 22 日。

设提供参考。

二、调研设计与实施

（一）调研目的

此项调查研究的重要目的在于探析中资油气能源行业在与俄罗斯、中亚国家合作中对外语的需求状况，可为民族院校外语教育教学提供启示。具体来讲，调研包括以下几个方面：（1）雇主对语言种类的需求；（2）雇主对外语人员学历资质的需求；（3）雇主对外语人员知识技能的需求。

（二）调研范围

此次调研采用被调研单位便于识别的要素，也就是工作中运用外语的人员，具体包括：（1）至少拥有外语专业本科学历，从事与外语有关工作的人员；（2）出国留学后从事与外语有关工作的人员；（3）至少拥有非外语专业本科学历，并取得大学外语等级考试证书或在职参加过脱产外语培训，从事与外语有关工作的人员。

由于受客观条件的制约，此调研只可做到抽样调查而且不涉及没有对外业务工作单位的外语人员需求意见。参与调研的单位为石油、天然气以及相关上下游产业链企业的雇主，涵盖人力资源、外事管理、财务管理和业务部门等。这些单位分布在我国的北京、新疆和境外的俄罗斯、哈萨克斯坦。

本次调研尽管在中亚国家中仅选择了哈萨克斯坦，但由于该国的中企基本辐射到全部中亚地区，同时许多单位在中亚五国乃至俄罗斯还有分支机构。接受访问的人士并非全部固定工作在哈萨克斯坦一国，而是定期在其他中亚国家轮换，部分还曾长年在俄工作。因此，此次调查研究反映的应当是中资油气企业与“丝绸之路经济带”沿线的俄罗斯、中亚国家合作中外语需求的共性问题。

（三）调研方法

为了提高准确性，本次调研采用访问与问卷相结合的方式。

对国际交往比较活跃的中国境内和俄罗斯、哈萨克斯坦的21家中资油气企业的31位中高层管理者和相关部门工作人员，通过面对面或以电话、微信、电子邮件等形式进行了访问。根据事先准备好的问题，直接倾听雇主对外语人员的语种、学历资质和知识技能等方面的诉求，从而形成以定性为主的分析。

问卷包括以下题目：第一，被调查对象的所在区域、工作单位和岗位；第二，工作中的外语种类需求；第三，对外语人员学历资质的需求；第四，有关岗位外语能力需求；第五，提供开放式问题，汇集雇主对外语专业人员的培养意见和建议。调研组充分考虑了不同国家、不同层级油气企业的数量，采用系统抽样法向 21 家单位发放问卷 278 份，其中我国境内 100 份，俄罗斯境内 85 份，哈萨克斯坦境内 93 份，有效回收 265 份，有效率为 95.32%，抽样分布近似服从正态分布，具备统计学意义。

通过调研，基本掌握了这些企业的外语需求情况，为中国与俄罗斯、中亚国家的油气能源合作的实施提供了外语需求状况参考资料。

三、调研结果与分析

（一）以俄语为主的多样化语言种类需求

1. 俄语

俄罗斯、中亚国家都是苏联的加盟共和国，俄语作为俄罗斯联邦的官方语言，并且中亚五国有为数不少的俄罗斯族居民，仍广泛用俄语交流。从访问情况看，受访企业在俄罗斯、中亚境内工作的外语背景人员中，通晓俄语或俄语专业的占绝大多数（96.12%）。当下中亚国家在技术、法律、商务等活动中仍然使用俄语文本，在与俄罗斯和中亚国家合作中，俄语专业人员需求还会增长。统计的问卷结果也显示，位于中、俄、哈萨克斯坦的雇主（97.70%以上）几乎都要求使用俄语从事涉外工作。

2. 中亚国家语言

我们在访问中了解到，随着诸多油气企业在俄罗斯、中亚国家业务的发展，从事涉外工作的人员，不仅要通晓俄语，还要知晓东道国的国情和文化知识，使用中亚的对象国语言与之交流，这样不但有利于工作开展，而且在处理日常事务时，能更好地沟通感情和交流。同时按照惯例，涉外企业员工逐渐本土化，如中石油 2015 年海外工作人员本土化比例为 85%。[①] 中方人员就要面临与所在地俄语水平参差不齐的雇员间的合作与

① 《中国石油 2015 年海外业绩》，网址为 http：//www.cnpc.com.cn/cnpc/cnpczqq/global_index.shtml。

交流，熟悉对象国本土语言逐渐成为对外工作人员应具备的必要技能。调查数据显示，中亚国家的受调查人员（24.14%～60.92%）表示需要熟悉当地不同国家的语言。从调研结果看，单一中亚语的需求量还是不如俄语，需求较多的是熟悉“俄语+对象国语言”的人员。

中亚五国同俄罗斯具有历史、文化渊源。2015年末，在俄的外国公民达995万人，其中约40%的境外移民来自中亚五国。① 尽管俄罗斯有为数不少的中亚国家移民，但调查结果显示，在俄的中亚国家语言需求较少（未超过4%）。

3. 英语

俄罗斯、中亚国家自20世纪90年代独立以来，由于逐步实施的新外交政策和受欧美文化的影响，作为“世界语言”的英语在这些国家的地位逐渐上升。问卷结果显示，中、俄、哈萨克斯坦受调查的用人单位超过半数（分别为77.08%、63.41%和58.62%）表示，要求工作人员能用英语工作。

4. 其他

俄罗斯、中亚国家是多民族、多语言共存的地域，除了俄罗斯族和哈萨克、吉尔吉斯、塔吉克、乌兹别克、土库曼等民族外，还分布着众多少数民族，因此问卷显示还有未超过4.88%的其他语言需求。

（二）以复合型为导向的学历资质诉求

在访问中了解到，俄罗斯、中亚国家各种专业文献主要用俄文出版。在与上述国家合作中，会外语、懂专业，又善于做翻译的商务、技术人员比较抢手。绝大部分（95.26%）的雇主也提及外语人员的需求集中在拥有专业知识背景的复合型人才。这些单位都有译员，而此类人毫无例外地都在较短时间里必须弄清楚用人单位的业务知识，而且很多是以业务人员或管理者，并非以专职译员的角色从事本职工作。

访谈的结果在问卷调查统计中也得到了验证。首先，许多中资油气企业在人员招聘、外派和在职培训中对各种专业背景人员的外语水平均有明确要求。大多数的雇主（89.66%以上）要求员工通过公司内部外语水平考试，无论是否为外语专业毕业生，应聘人员的外语水平均要达到公司规定的标准方可入职。有的企业在俄罗斯、中亚国家工作的所有人员要通过

---

① 纪祥、郭晓琼：《中亚国家在俄罗斯的劳务移民问题》，载《俄罗斯东欧中亚研究》2017年第1期。

内部俄语考试后才能外派工作。对于目前派驻国外的工作人员，许多企业还加强了脱产培训，并以通过公司规定的“英语+俄语”双语人才培养水平测试为标准。其次，优秀人员受到雇主欢迎。用人单位（69.79%以上）首选外语专业优秀生，然后是优秀留学归国人员（62.20%以上），再者是通过俄语等外语四、八级考试的其他专业优秀生（55.17%以上），而单一外语专业的普通生（未超过22.99%）不被看好。外语专业优秀生的核心竞争力在于语言优势；优秀归国人员的核心竞争力在于外国的学习、工作经历，在对外工作中具有熟悉相关国家的政治、文化等优势；取得外语四、八级证书的其他专业优秀生的核心竞争力在于专业背景有助于他们发展为复合型人员。最后，雇主特别需要外语和其他知识技能结合、具有专业背景的人员，外语+专业（双学位）的人员更受雇主欢迎（90.80%以上）。而尽快满足雇主对复合型员工的需求是高等院校外语等专业教育的培养目标。

（三）以实战为目标的多元化知识技能要求

访问中了解到，中企心目中的外语人员要拥有较好的外国语言文化素养。多数人（79.65%）主张外语工作者要听、说、读、写、译全面精通。大部分人（82.76%）考虑外语工作者要熟悉国外文化，知晓相关国情知识。

在问卷统计中，被调查者对外语能力和外国文化知识均有诉求。首先超过半数考虑对外合作中的外文使用者须解决的问题是提升听说能力（52.44%以上），其次为补充俄罗斯、中亚国家国情等文化知识（分别为26.04%和42.68%以上），再次是提升翻译能力（32.29%以上），最后是提升写作能力（20.73%以上）、提升阅读能力（16.09%以上）和补充中国文化知识（5.75%以上）。

在调研中同时了解到，有的公司在招聘员工的内部外语考试中，听力要取得不低于70%的分数，口语要达到交流无障碍，才算合格；脱产外语培训者参加的双语人才培养水平测试，听力分值占比33.33%。可见“听说”是雇主比较重视的基本工作技能。

作为外语人员，还要拥有跨文化沟通能力。访问中了解到，就职于俄罗斯、中亚中企的外语工作者，他们一般要充当“多面手”，不仅是中企的译员，需要处理办公室的日常事务，而且是与外方的联络员，通常会与外国的政府部门和企业打交道，处理某些突发情况。拥有良好的沟通能力是他们做好本职工作的必要条件，所以受访者建议加强培养外语人员的人际沟通能力，尤其是跨文化沟通能力。

由此，雇主的以上诉求可作为教育机构优化教学方案和调整教学重点的重要参考。

四、启　示

民族院校外语学科教育在保持外语本色的同时，也要具备自身的民族特色。外语教育彰显“民族性”的进程实质是“民族化”的进程。[①] 在实施“一带一路”的背景下，在与俄罗斯、中亚国家能源合作的过程中，民族院校外语教育也要不断创新发展，办出自身的特色。

（一）培养多语复合能力

在世界经济一体化的形势下，中国外语教育显现了语种从“单一”转向“多元”的大趋势，因此民族院校因地制宜研究实施多元化外语教育模式显得特别重要。

第一，强化俄语教育。从中资油气企业当下的外语需求看，在与俄罗斯、中亚国家的合作中，首选的是俄语人才。所以建议民族院校现有的俄语专业要继续做好学生培养工作。同时，部分学校开设哈萨克语等与中亚国家跨境的少数民族语言专业，可以考虑为学生新增俄语课程，使其多掌握一门外语，从而增添就业的“话语权”。

第二，重视小语种教育。因为中亚国家均在不断提升本民族语的地位，所以小语种也存在市场需求。比邻中亚国家的中国哈萨克族、柯尔克孜族、塔吉克族、乌孜别克族等少数民族均是跨境民族，我国这些少数民族的语言均是跨境民族语言。因此，民族院校要进一步发挥独特的地缘相邻、人缘相亲、语缘相似的跨境民族语言优势，为学习俄语等通用语言学生增设中亚国家语言课程，培养“俄语 + 小语种”人才。

第三，继续开展英语教育。鉴于绝大多数学生高考时为英语考生，具有较好的基础，他们也有强烈的继续学习英语的需求，民族院校可以为他们开设特色英语课程，以实现学科英语教育为目标。

---

① 中国民族年鉴编辑部：《中国民族年鉴》，中国民族年鉴社 2012 年版。

（二）改善多元办学能力

首先，立足自身，开展多形式培养。鉴于毕业生从事的工作经常会涉及某些领域的专业知识，复合型专业语言人才是中企所急需的。民族高校应进一步优化外语教育政策和学生的培养方式，适度优化外语专业培养目标，除了要求学生将外语本身学好外，还可创造条件使他们有机会选择学习相关专业知识，完善知识结构，有条件的还可试行跨学科的“专业＋外语”模式，具体可以实行语言与非语言专业相互开展主辅修和双学位制等。

其次，加强合作，拓宽多渠道培养。培养外语人员不能只局限于国内高校。要拓展全球视野，体验真实的语境，切实提升专业水准，应当选派师生赴俄罗斯、中亚国家交流和学习。建议有关部委可与国外相关机构密切沟通，争取更多的资源，民族院校可以借此机会建立更加广阔的外派留学平台。在具体学制上，可以试行“2＋2”的本科生培养模式。院校自身也可积极联系国外高校，吸引前述国家师生到民族院校访学，为国内学习俄语、中亚国家语言的学生营造优良的氛围，搭建对外交流的平台。同时还要立足国内，广泛开展民族高校间的合作，共享优势资源，采用学分互认等方式对学生进行联合培养；可探索开展校企合作，提高外语人员的实践能力。

（三）强化语言交际能力

第一，树立教学新理念。伴随着“一带一路”建设的推进，特别是中企与俄罗斯、中亚国家合作的不断推进，我们的教学理念要适应当前形势的需要，在新的历史时期重新构建外语人才的培养理念，统一思想，明确目标，优化单一的语言型人才培养方式，切实重视外语人才的专业知识和技能培养，完善教学大纲，注入适应市场变化的崭新内涵。但这不是要完全放弃语言文学教学的传统模式，而是要以此基础进行创新发展，适时完善目前的课程、教材和教学方法，实现新旧内容兼收并蓄，在原模式“绿叶”的衬托下，绽放反映新理念的“红花”。

第二，夯实语言基本功和专业技能。通过雇主的诉求不难发现，他们对外语人员的语言基本功和专业技能期盼较高，这使高校进一步意识到培养外语人员的着力点。传统的外语教学一般只重点关注词汇和语法，教师通常重点讲解词汇和分析句子结构，却极易忽略文本的语篇结构及所传递的内容。为适应目前外语教学的形势，在传承和优化传统外语教学模式的基础上，在教学过程中要将语篇分析作为重点环节之一，把培养学习者的思辨能力作为重要目标。这样有助于提升学习者的综合语言运用能力，有助于外语教学达到预期效果，力图杜绝“聋哑外语”。

第三，强化跨文化交际能力。语言是彼此沟通的桥梁，而文化是相互理解的纽带，语言与民族文化有着密不可分的关系。当下，民族院校俄语专业大都有俄罗斯国情的文化课，有助于学生知晓和了解相关人文背景知识。但是，学生对中亚地区国家的政治、经济、文化、民族习惯、宗教信仰等却知之甚少。在对外合作中，文化对促进友谊、加深了解、增进相互信任等方面具有举足轻重的作用。所以，俄语学生要进一步掌握中亚国家的文化知识，还要了解我国与俄罗斯、中亚国家的经济社会发展和交流简史，力求避免“文盲外语”。

（作者单位：外国语学院）

延安民族学院校史研究暨课程建设初探[①]

陈　鹏　斯琴塔娜　畅　言

中央民族大学的前身为1941年中共中央西北局在延安大砭沟建立的延安民族学院，它是中国共产党在抗战烽火中亲手缔造的第一所培养少数民族人才的高等院校。后因革命形势的发展变化，学院迁往内蒙古定边、城川等地继续办学。2017年7月，中央民族大学学习贯彻全国高校思政工作会议精神专题培训班在内蒙古城川和陕西延安成功举办。历史文化学院党委书记、副书记、教工党支部书记、专职辅导员参加了这场称得上是“寻根之旅”的教育活动，在充分了解延安民族学院办学历程之后，学院老师遂萌生了启动延安民院校史研究暨课程建设项目的想法，回京之后即组织力量进行了多次论证和前期筹备。本文就该课题的研究意义和实施路径，以及目前的研究基础和阶段性成果，做一初步介绍。不足之处，还就教于方家。

一、历史专业融入学校思政教学体系的新路径

2016年12月，习近平总书记在全国高校思想政治工作会议上对高校思政课程改革提出新的要求，指出：“思想政治理论课要坚持在改进中加强，提升思想政治教育亲和力和针对性，满足学生成长发展需求和期待，其他各门课都要守好一段渠、种好责任田，使各类课程与思想政治理论课同向同行，形成协同效应。”[②] 这实际上提示我们，高校的思政教育不能单纯依靠马克思主义学院，而是需要历史、哲学、文学等其他人文社会科学专业的密切配合、共同参与。就历史学科而言，深入发掘中国历史、世界

---

① 本文是2017年度中央民族大学校级青年学术团队引领计划项目“大数据时代下史学研究的多维透视”的阶段性成果。

② 《习近平在全国高校思想政治工作会议上强调：把思想政治工作贯穿教育教学全过程　开创我国高等教育事业发展新局面》，载《人民日报》，2016年12月9日。

历史中的优质思政教学资源，找准自身定位和主攻方向，努力融入学校的整体思政教育体系中去，乃是广大历史教育工作者当下面临的教学新任务。

近年来，中央民族大学历史文化学院在发掘和传播中华优秀传统文化方面，做出了积极的努力。如我院蒙曼老师参与《百家讲坛》《中国成语大会》《中国诗词大会》等电视栏目的录制，陈楠、蒋爱花老师担任西藏电视台《珠峰讲堂》主讲人，苍铭、彭勇老师参加央视 9 套《探索发现》栏目《揭秘土司王城》专题片的录制。就民大校史研究来说，早在 2007 年，徐永志老师就曾发表《内蒙古鄂托克前旗红色旅游资源及其开发刍议》一文，指出延安（城川）民族学院是中国共产党培养少数民族高级人才和干部的摇篮，中央民族大学正是从这里走来。同时，城川也是民族理论和民族政策的试验田。[①] 这为我们进一步探究延安民族学院的红色历史，奠定了良好基础。

我们认为，历史学科要想融入学校的思政教育体系，开展新中国成立前的民大校史研究，或许是一个较为合理的切入点。目前学术界围绕延安民族学院发展史的探讨，仅有侯虎虎、王保存编著的《熔炉——延安民族学院》[②]、内蒙古鄂托克前旗编辑的非正式出版物《民族干部的摇篮——城川民族学院》，以及少量的学术论文。[③] 这些成果梳理了学院迁延演变、办学特点、课程设置、师资力量、人才培养诸方面的大致情况，也提供了一些原始文献的搜寻线索。但总体来看，研究还不够全面深入，尚有较大的提升空间。

我们拟在前人研究的基础之上，尝试将延安民院的历史放置于中国近代史整体脉络中，运用新的理论、方法、视角，重新加以检视，从中凝练出一批子课题，开展专题史研究。目前已取得部分阶段性成果，如《延安民院的创办与抗战时期中国共产党人的“民族观”》《新文化史视角下延安

---

① 徐永志、晋隆冈：《内蒙古鄂托克前旗红色旅游资源及其开发刍议》，载《中央民族大学学报》2007 年第 1 期。

② 侯虎虎、王保存编著：《熔炉——延安民族学院》，民族出版社 2011 年版。

③ 如宗群：《回顾与展望——从延安民族学院到中央民族大学》，载《民族教育研究》1994 年第 2 期；胡炳仙：《延安民族学院的发展及其对民族院校办学的影响》，载《高等农业教育》2014 年第 2 期；陆继锋：《中国民族院校办学理念的变迁研究》，博士学位论文，中央民族大学，2013 年；陆继锋、陈炳震、吴明海：《宗群民族教育实践及民族院校办学理念探析》，载《民族教育研究》2015 年第 1 期；陆继锋、陈炳霞、吴明海：《刘春先生民族教育实践及其思想探微》，载《民族教育研究》2015 年第 5 期。

民院校歌的谱写与传播》。下一步，将重点推进如下分支课题的研究，包括延安民院的课程设置和教材编写；同时期，其他地区、政党、人物的民族教育实践，如抗战初期阎锡山创办的山西民族革命大学，与延安民院的对比；民族学院师生的个案、群体研究以及中央民族大学与延安民院的历史接续问题。

毫无疑问，中央民族大学与生俱来的红色基因是我校宝贵的思想政治教育资源。但实际上，并非每一位民大学子在读期间，都有机会亲赴延安和城川，感知和学习民大的历史。目前，学校也尚未开设一门针对全体本科生的延安民族学院校史通识课程。于是，在前期专题史研究的基础之上，以历史文化学院教师为主体，适当吸收马克思主义学院、档案馆、图书馆等院系和机构的老师，在全校范围内集体开设一门校史选修课，便显得十分必要。这将是历史学科积极融入学校思政教学体系，发挥史学育人功能的一条新路，相信该课程的建设和推广，将使更多的学生重温学校的光荣历史和革命精神，进一步增强历史使命感和责任感，筑牢属于民大学子特有的“红色记忆”，形成“民大人”的身份认同。

二、历史专业本科人才培育的新载体

中央民族大学历史文化学院的本科专业早在 1995 年即被国家教委确定为首批“国家文科基础学科人才培养和科学研究基地”，生源质量较好，每年有近 45% 的学生被保送至北京大学、中国人民大学、复旦大学、北京师范大学等国内顶尖大学攻读研究生，其中又以选择中国近现代史、中国革命史及中共党史为主攻方向的学生居多。近年来，学院不断探索本科人才培育的新模式。2015 年，学院以世界史一级学科为依托，开设了中国与周边国家关系史本科实验班，力图培养一批具有较好中国史、世界史、民族史基础，掌握一门周边国家官方语言或者跨国境民族语言的综合型人才，服务于“一带一路”倡议。

我们认为，开展延安民族学院校史研究暨课程建设工作，将是学院本科人才培养改革的又一新契机。在课题论证、设计、实施的各个环节，我们都充分吸收优秀本科生参与，和学院专任教师组成若干研究小组，以合作的方式进行集体攻关。

在课题启动阶段，我们从学院 2015 级历史学基地班物色和选拔了 5 名基本具备学校保研条件的优秀学生，配备 4 位教学科研经验丰富的教师，共同组成研究小组。所选学生均步入三年级，已经接受了较为系统、完整的历史学专业训练，不仅学习了中国近代史、中国现代史、中华人民共和国史等基础骨干类的通史课程，也选修过中国近代文化史、中国近代社会史、近代中外关系史、中国近代经济史等近代史各分支领域的专业提高类课程。应该说，他们对中国近现代史研究的理论方法、核心内容、文献资料，均有一定程度的接触和了解。此外，高年级同学在就读期间，也通过社会实践、创新项目、课堂展示等教学环节初步积累了一些研究经验，加之剩余课程较少，课业负担相对较轻，能够将更多时间和精力投入到本课题的研究中去。

目前，研究小组学生已在老师的具体指导下，遴选出恰当的检索关键词①，充分利用网络数据库资源及图书馆，对与延安民族学院有关的档案、报刊、文集、日记、文史资料、地方志、图片、影像资料进行全面、系统的检索，获取大量前人尚未发现或利用的有价值的原始文献。在此基础上，学生又对所得资料按照时间顺序进行编目，著录每条文献的标题、出版时间、出版单位、报刊名称等信息，概括文献的核心内容和史料价值。之后，与指导老师反复沟通、交流，提炼出若干研究子课题。有的选题已经完成初稿的写作，尚须打磨。

值得一提的是，陕西、内蒙古的地方政府先后出资修缮了延安民族学院和城川民族学院的旧址，将其辟为当地重要的民族团结教育基地。下一步，我们拟组织课题组成员积极申报大学生创新项目、寒暑假社会实践项目，希望获取一定的资金支持，赴城川、延安实地调研、走访，尽可能多地搜集口述资料，让学生真切体验革命先辈的奉献精神，深入领悟当时中国共产党人的民族政策，真正发挥历史教学实践的育人功效。

尽管这一项目刚刚开始，尚没有公开发表的成果问世，但从人才培养角度论，它已经为学院教师与学生搭建了学术交流的新平台。教师可以借此深度融入学生的学习生活中去，发挥自身的研究专长，指导学生完成一次系统的科研训练，并取得相关成果，从整体上带动学科建设。学生则可以通过与老师的合作，激发科研热情，积累研究经验，为将来步入学术研究殿堂做好准备。从这个意义上说，该课题乃是实现历史专业高水平人才培育的新载体。

当然，延安民族学院校史研究暨课程建设并非一蹴而就的短期任务，而是一个拥有中长期规划的项目。在完成延安民族学院校史的基础之上，

---

① 如“民族学院”“中央民族大学”“三边公学”“民族教育”“乌兰夫”“赵通儒”“宗群”等。

今后我们还拟开拓中央民族大学及附属中学、蒙藏学校、抗战时期延安其他红色院校的校史研究。即便是先期完成的延安民院校史研究及课程建设，也还需要在实践中推陈出新，增补新史料，开掘新选题，使之不断完善。因此，这实际上是一项具有连续性、长期性的系统工程。我们计划每年吸纳历史专业三年级的新成员参与进来，为研究汇聚新的力量和动力，争取用3～5年的时间，将校史研究工程打造为具有专业特色的品牌项目，筑起学院人才培养探索和实践的新高地。

三、充分重视大数据时代下史学研究和教学的新情势

近年来，学术界越来越重视大数据时代给传统历史学带来的机遇和挑战。2017年10月，历史文化学院举办了一场题为“大数据时代下史学研究的多维透视”学术研讨会，来自中国史、世界史、考古学、民族史、史学理论、历史文献等不同研究方向的近50位青年学人，从大数据时代史学理论、方法的反思与争鸣，大数据时代的史料搜集与挖掘，大数据方法在史学研究诸领域的具体运用，大数据时代与历史教学四个方面，展现了大数据时代引发的“革命性变革”。

这一研究新动态提醒我们，在延安民族学院校史研究暨课程建设伊始，便应充分重视网络信息时代下的新工作环境和条件，以更高的标准和要求来设计课题。

首先，充分利用已建成的各类历史数据资源库，对延安民院的历史文献进行全面摸排，成为新形势下校史研究的首要任务，这也是我们突破前人研究的重要路径之一。具体包括“中国基本古籍库”、“CADAL数据库”、“《申报》数据库”、“《大公报》数据库”、“晚清民国期刊全文数据库”、“大成老旧刊全文数据库”、“读秀中文学术搜索”、“中国国家图书馆·中国国家数字图书馆”及中共历次全会资料、中共重要文献资料和《人民日报》全文的“人民数据库”等。

其次，我们在享受数据搜索带来的种种便利之时，也丝毫不能忽视网络资源的种种局限和缺失。例如：数据库上传的资料数量仍十分有限，在文献信息编目、录入、扫描，特别是繁、简体字转化方面存在诸多误差，多数数据资源只能标题检索，尚未实现全文检索功能等。因此，赴图书馆、档案馆、资料室仔细翻阅前人没有或较少利用的文献，仍是我们不可省略的必要步骤。课题组计划赴中央档案馆、中国第二历史档案馆（南京）、国家图书馆、中央民族大学档案馆、博物馆以及内蒙古自治区、陕

西省档案馆、图书馆进行资料查阅和收集，特别要将重点放在《中共中央文件选集》、《人民日报》、《解放日报》、《伊盟报》、《三边报》及西北局、陕甘宁边区政府的原始档案等革命历史文献的整理和分析上。目前，我们通过研读当时学员的回忆录，深刻体会到民族学院的办学性质带有鲜明的民族革命色彩；在学制安排上采取非全日制的教学模式，具有教育与生产相结合的时代特征；其课外娱乐活动多为具有民族特色的小型歌舞剧目演出。这些初步的阅读体验将引导我们进一步深入阐释和提炼延安民院的办学宗旨、办学精神、办学特色。

同时，在研究过程中也要注意搜集和利用数据库无法提供的口述史资料。我们拟将口述访谈对象分为三类：第一类为延安、城川相关部门的工作人员，包括档案馆、文化局、地方志办公室的相关负责人，借此了解政府对于历史资源的搜集、保护和利用情况；第二类为城川民族学院学员，通过他们的回忆了解新中国成立前民族学院的具体情况，以便与现有资料相对照；第三类为当地民众，采用随机抽查等方式采访他们对民族学院历史的了解情况，从而形成更为丰富立体的“延安民院认知史”。通过访谈获得原始材料，利用录音、录像等电子方式加以保存，并在后期整理成访谈记录。

最后，我们希望能够整合民族学院各类型的历史资源和研究成果，将其全部数字化，最终建成一个开放、共享的带有民大特色的校史数据库。它不仅能够为学生触摸校史提供不受时间、空间限制的教学新资源，也能为后续校史研究者打造高起点的工作新平台。目前，我们已经有意识地对各种文献进行复制、扫描、拍照、电子录入，文献存量已达一定规模。与此同时，以上述数据资源为依托，我们拟打造一门延安民族学院校史网络公开课程，让学生能够打破学习的时间和空间限制，自由、自主安排校史学习。此外，我们还将利用微博、百度贴吧、知乎、微信公众号等自媒体，定期发布和推送学术研究和课程建设的新成果，不断扩大影响力和传播范围，加强与校外专家学者的互动交流。

延安民族学院校史研究暨课程建设现尚处于起步阶段，我们真诚地希望借助学校本科教学研究这片园地，介绍我们的想法和最新进展，希冀引来更多的同人参与到这项工程之中，给我们提出更多宝贵的指导意见，共同为学校的思政工作、教学工作贡献史学智慧。

参考文献

[1] 侯虎虎、王保存编著：《熔炉——延安民族学院》，民族出版社 2011 年版。
[2] 宗群：《回顾与展望——从延安民族学院到中央民族大学》，载《民族教育研究》1994 年第 2 期。
[3] 徐永志、晋隆冈：《内蒙古鄂托克前旗红色旅游资源及其开发刍议》，载《中央民族大学学报》2007 年第 1 期。
[4] 胡炳仙：《延安民族学院的发展及其对民族院校办学的影响》，载《高等农业教育》2014 年第 2 期。

（作者单位：历史文化学院）

“新国标”背景下外语专业中文课程的建设：历史沿革与现实思考[①]

张 珂

长期以来，我国外语专业学生的中文素养问题一直为人所诟病。外语专业中文课程的缺失是造成这种局面的重要因素。2013 年 7 月以来，研讨制定新的“外语类专业本科教学质量国家标准”（简称“新国标”）就成为全国高校外语界共同关心的一个热点话题。在“新国标”的研讨过程中，不少专家都重新强调了外语专业的中文素养问题。钟美荪教授指出：“外语专业学科应以语言、文学为主体，培养具有较高人文素养，熟练外语语言技能，厚实外国语言文学知识和中国语言文学知识的人才。”[②]“新国标”的制定为外语学科的发展带来了新的机遇，外语专业的课程建设也面临新一轮的变革与挑战。

近年来，为适应新的时代需求，中央民族大学外国语学院在学生中文素养提高方面进行了有益的探索，在保证专业主干课程建设的前提下，加强了中文课程的建设。我们认为，在“新国标”出台的背景下，学生中文知识和素养的提高以及相关课程的建设对于完善英语专业本科课程体系具有重要的意义。基于近年来的教学与实践，本文拟从我国外语专业中文课程开设的历史沿革出发，反思其重要意义，提出存在的主要问题，并尝试提出一些改进建议。

---

① 本文是 2014 年中央民族大学校级重点教改项目“中央民族大学英语专业综合改革”（项目号：XJ－ZYGG14005）的阶段性成果，同时受 2014 年教育部人文社会科学重点基地重大项目“全球化时代的比较文学与世界文学理论研究”（项目号：14JJD750008）资助。

② 钟美荪：《实施本科教学质量国家标准，推进外语类专业改革与发展》，载《外语界》2015 年第 2 期。

一、我国外语专业开设中文课程的历史沿革要略

我国近代的外语教育始于1862年清政府为解决办洋务和培养译员的当务之急而设立的京师同文馆，后在以京师大学堂为代表的近代大学中得以赓续。自清末起，近代新教育的提倡者就已经开始了对外语教育的中文课程设置的考量。1903年的《奏定大学堂章程》中，"英国文学门"的课程即设有"中国文学"。这虽是"中学为体，西学为用"观念的体现，但如张之洞所言："西学必先由中学"，"华文不深者，不能译西书"[①]，却显示出一种朴素的真知。民国时期，我国的外语教育获得了初步发展，外语专业的中文课程总体来说也延续了晚清时期的思路和理念。民国时期的北京大学、清华大学、中央大学等高校外文系都开设了不同层面、不同类型的中文课程。比如，1917年北京大学英国文学门设"中国文学史要略"一科，开设于一二年级，每周3学时。[②] 作为一所综合性大学，北大英文系学生还可选修中国文学系的课程。[③] 清华大学外文系在这方面的作为更加引人注目。该系以培养能够"了解西洋文明之精神""创造近世之中国文学""汇通东西之精神思想"的"博雅之士"为宗旨。外文系学生无论是创造还是著述，"中国文学史学之知识修养，均不可不丰厚"。因此，外文系不仅将"国文"课程作为必修课，占了6学分，而且还鼓励学生到中文系跨系选课："本系对学生选修他系之学科，特重中国文学系。盖中国文学与西洋文学关系致密"。[④] 重视中国文学功底，汇通中外之意不言自明。民国时期，高校外语学人多数都是从海外名校留学归来，这些学者在海外获得学位的著作常常与中国文学和文化相关，因此，他们对中国文学和文化在外语专业中的意义和价值有更深的体认。比如，中央大学外文系的多位教授，如吴宓、楼光来、张钦海、范存忠、梅光迪等，皆从海外留学归来，该系却并不因此忽视中文课程。中央大学外文系不但将"中国文学史纲要""中国文化史"设为必修科目，而且鼓励学生选修中文系的"小学纲要"和诗词（史）类科目。[⑤]

---

① 张之洞：《劝学篇》，见《张之洞全集》（第7－12册），河北人民出版社1998年版，第9275页。

② 《文科本科现行课程》，载《北京大学日刊》1917年第12期。

③ 《英文学系指导书》，载《北京大学日刊》1922年第1078期。

④ 吴宓：《会通派如是说》，上海文艺出版社1998年版，第201－204页。

⑤ 付克：《中国外语教育史》，上海外语教育出版社1986年版，第60－61页。

新中国成立以后，高校外语院系的教学计划在各个历史时期虽有不同，但中文课程的比重基本变动不大，它与政治理论课、体育课共计占总学时的 1/6 左右。改革开放以后，外语专业获得了新的发展机遇。1979 年 4 月，教育部分别制定和颁布了针对外语学院、综合大学和高等师范院校的英语教学计划，中文课程在这些计划中均占有一定的比例。譬如，"汉语及习作"作为必修的公共课，在三种类型的英语专业中分别为 108 学时、108 学时、72 学时。① 1980 年，教育部印发了《外语院、系汉语课教学大纲（试行草案)》，这是新中国成立以来为高等学校外语院系首次制定统一的汉语教学大纲。大纲中明确提出，为达到外语院系的培养目标，"必须在加强外语训练的同时，努力提高学生的中国语文水平。必须切实提高汉语课的教学质量"。② 在课程设置上，该草案提出，外语各专业可在第一、第二学年开设语法修辞、现代文选及习作、古代文选等中文课程。有条件的院校，根据需要与可能，可在高年级开设一些选修课，如中国文学史、文学概论、古代汉语专题等。

20 世纪 90 年代以后，我国经济与社会的快速发展也为外语教育提出了更高的要求。1998 年，教育部印发了《关于外语专业面向 21 世纪本科教育改革的若干意见》。这份作为指导我国 21 世纪高校外语专业改革的重要文件中指出，外语专业应"在确保外语专业技能训练课的前提下，加强所学语言国家国情研究的课程，开设一定数量的中文课，以弥补学生在汉语写作方面的不足"。③ 根据这份意见，2000 年教育部颁布了《高等院校英语专业教学大纲》，对英语专业的课程结构进行了较大的调整和优化，将英语专业课程分为专业技能课、专业知识课和相关专业知识课三种类型。这份大纲基本奠定了 21 世纪以来我国高校外语专业的课程设置框架。中文课程在这份大纲中的地位实际上归属于"相关专业知识课"当中。开设此类课程的主要目的之一是使学生"对中国文化和社会经济发展有一定的了解，提高对外介绍能力"。④ 这份大纲对外语专业学生的中文素养提出了明确要求，学生应对中国文化有一定的了解，并有较扎实的汉语基本功。

---

① 戴炜栋，胡文仲：《中国外语教育发展研究（1949—2009)》，上海外语教育出版社 2009 年版，第 91 –92 页。

② 辽宁省高等教育局等：《高等教育文件选编（1977—1982)》，辽宁省高等教育局 1982 年版，第 139 页。

③ 李传松：《新中国外语教育史》，旅游教育出版社 2009 年版，第 321 页。

④ 戴炜栋：《高校外语专业教育发展报告》，上海外语教育出版社 2008 年版，第 165 页。

二、我国外语专业开设中文课程的现实思考

从中文课程在我国外语教育中的历史轨迹来看，中文课程在外语专业中一直不可或缺。这也可以说是我国外语教育中的一种传统。在外语专业面临种种危机和挑战时，对中文素养的强调常常成为从业者应对危机的一项对策。遗憾的是，由于外语教育与中文教育似乎存在天然的学理矛盾，在实际的教学实践中，外语专业的中文课程仍然面临很多问题，甚至难以发挥其人才培养的辅助功能。

（一）当前外语专业中文课程存在的主要问题

从现实情况来看，目前我国高校外语专业的中文课程开设实践程度差异较大，由此也带来了诸多的问题。这些问题主要表现在：

第一，中文课程缺失，缺乏专职师资。教育界尽管也有不少呼吁提高外语专业中文素养的声音，但这些意见在具体的教学实践中并不易实施。外语专业中文课程专职师资的缺乏则进一步造成了相关课程的缺失。以中央民族大学外语专业为例，目前开设了现代汉语、古代汉语、中国文学经典导读等中文课程。而在师资力量单薄的高校，这类课程只能阙如。更多的高校外语专业，即使有少量的中文课程，其师资也多通过外聘中文教师（常常是中文专业的研究生）的方式解决。授课教师不固定，教学内容缺乏统筹安排，课程之间缺乏有机联系，加之与外语专业的主干课程较少沟通与交流，造成了外语专业中文课程的延续性和发展性不足，也使这些课程的地位更加边缘化，难以引起重视。

第二，已有中文课程，但缺乏专门教材，针对性不强。目前，国内高校外语专业中文课程的问题之一是缺乏针对外语专业的相应教材。比如，现代汉语课，教师授课时一般会选用中文系的现代汉语专业教材。这些教材针对的是中文专业的学生，体例和内容都依据中文专业的培养目标而设定。对于外语专业来说，由于培养目标的差异以及课时的限制，这些教材在实际使用的过程中，普遍使学生感到“消化不良”。对于中国文学类的选修课，中国文学作品选读类的教材虽多，但缺乏外语专业的针对性。比如，由于外语专业更强调学生跨文化能力的培养，更需要引入一些具有比较文学眼光的中国文学作品选读教材，而这方面的选择目前还不是很多。

第三，学生认识程度不足，缺乏学习动力。中文课程目前在外语院系中多为选修课。外语专业的学生将大部分时间投入外语必修课的学习之

中。一些人认为，只有外语才是他们将来就业或升学的筹码，而每天都在使用的中文在他们看来似乎无须专门学习。学生对中文课程的重要性认识不足，也制约了其中文素养的提升。这不仅表现在学生中文基础薄弱，写作能力差，还表现在其课外阅读量少，知识面狭窄，影响了其独立思考的能力和综合素质的提升。从长远来看，不管学生将来从事何种工作，这都不利于学生就业目标的实现和未来进一步的发展。

（二）外语专业开设中文课程的价值与意义

对于外语专业来说，由于与语言、文学、文化的密切相关性，中文教育显得尤为重要。中文功底在语言习得和翻译中的重要作用，可以说是促进外语学习的“他山之石”。这一点已有许多学者进行过详尽的论述。中国的外语院系不仅仅是语言工具的训练场所，还应是我国人文学科教育的重要基地，是熟悉中国文化和国情的综合性外语人才的摇篮。外语专业应教会学生“既能通过西方文化反省本土文化，也能站在本土文化的立场思考与评判西方文化”。[①] 这决定了外语专业的人才培养理念至少应该是持双重文化立场的，而中文课程的开设对于培养学生比较的眼光以及跨文化的意识具有不可替代的作用，还有利于学生批判性思维能力的提高。作为人文学科价值的重要体现者，外语专业的中文课程与外语课程一样，都承担着传承人类文明的重要职责，并不因语言的差异而改变。姚小平先生曾言：“20 世纪上半叶的学坛，不习外语者难以引领学术，学不兼中西者不能成为大家。”[②] 鲁迅、胡适、吴宓、钱钟书等精通中外语言和文学的大家不胜枚举。这代表了人们心目中对外语教育的一种期待。在全球化时代，高等教育虽然已经成为大众教育，外语学习也不再是精英特权。毫无疑问，这个时代仍然需要具有本土视野的高层次外语人才。

最重要的是，不论学什么专业，中文课程对于每一个中国大学生来说，都是教育的重要组成部分，也是中国人文教育的题中应有之义。在世纪之交，国内文化界曾掀起过一场关于“汉语危机”的大讨论。持汉语危机论者认为，汉语的危机本质上是文化的危机、思想的危机，甚至有人将“保卫汉语”上升到了爱国的高度。尽管从语言学学理的角度来看，汉语

---

① 郭英剑：《“外国文学经典”教学中，我们应该持有怎样的立场》，载林精华等：《文学经典化问题研究》，人民文学出版社 2010 年版，第 329 页。

② 姚小平：《外语教育和中文教育——从奏定大学堂章程说起》，载《外语教学与研究》2003 年第 6 期。

危机是一个伪命题，某些狭隘的民族主义观点更不可取，但“中国文化失语症”却在外语专业中普遍存在。鉴于此，中文课程作为中国文化和价值观的承载者，对于接触异域文化更多的外语专业而言，显然具有不言而喻的重要意义。

（三）针对外语专业中文课程的建议

从深层次讲，外语专业中文课程的问题是与整个外语专业面临的危机息息相关的，也折射出我国外语教育在发展过程中一直都有的一个矛盾，即中外文化、中学与西学的差异与冲突。对于站在中外文化交汇处的外语专业来说，必须率先解放思想，勇于探索，在汇通中外这方面走在时代的前列。在此，笔者谨就自己近年来在中央民族大学外国语学院从事中文课程的教学实践与思考，尝试着提出一些针对性的建议。

第一，必须重视思想观念的转变。语言学家吕叔湘先生曾对“我国外语界与汉语界不相往来”的“两张皮”现象提出批评。当代许多外语学者也对外语专业漠视中文基础，由此患上的“中国文化失语症”深表忧虑。多年来，不少有识之士都发出过沟通外语学界与汉语学界的呼声。为什么直到今天这个问题仍然没有很好地解决呢？现代大学学科的划分日益精细，由于学科系别之隔，设想跨越中外，甚至发出这方面的声音，都是需要勇气和胆识的。学习外国语言和文化的专业本不应该故步自封，但由于“解放思想不够，缺乏理论勇气”，“外语界学人如果敢迈进汉语领域，就有人出来指责‘不务正业’”。[①] 因此，外语专业亟须进一步解放思想，重新认识中文课程对于构架学生知识体系，开阔学生学术视野，培育学生人文情怀。教师要在思想和学理上积极引导学生，在明确外语专业内涵，夯实外语基础的同时，鼓励学生加强中文修养，着力于综合素质的提高。

第二，外语专业应该配备专门的中文课程师资。外语专业的中文师资问题在 20 世纪 80 年代就曾经受到过关注，当时还提出了在外语专业设立汉语教研室或教学小组的构想。然而多年以来，这方面却似乎陷入了止步不前的状态，相关问题并没有引起真正的重视和改善。有外语教育专家在探讨专业教学改革的出路时提出，现有的“二外”课时应该让给中文（特别是古代典籍）和中国文化课程。笔者无意否定“二外”学习对于外语专业的重要性，但同样是学习语言文化，对于亟须提高中文素养，并具有长

---

① 杨自俭：《英汉比较与翻译（3）》，上海外语教育出版社 2000 年版，第 19、第 25－27 页。

期开设中文课程传统的外语专业来说，中文专门师资的配备具有合理性。引进专业师资既可以满足相关中文课程的现实需要，保证课程的连续性与系统性，也可以提高学生学习相关课程的积极性，在培养学生的中国视野及汇通中西的胸怀等意识层面也有潜移默化的影响作用。

第三，对于外语专业来说，以内容为依托的中文课程建设也必须被提上日程。一般来说，外语专业可以开设的中文课程包括现代汉语、古代汉语、中国文学经典选读、中国文化概论等。这些课程其实也涵盖了语言、文学、文化等多个层面，需要进一步明确外语专业学习这些课程不同于中文系的目标和定位，厘清它们之间的关系，并逐步编写出适合外语专业学习的中文课程配套教材。在具体实践中，不同类型的高等院校应该从本专业发展的大局出发，有选择地开设一些中文课程，并逐步完善课程体系，精选教材和教学内容，钻研探索教学法，积极进行教学改革与实践，有条件的学校还可以根据自己的特点开设一些特色课。比如，目前我校外语专业的中文课程就包括了“中国少数民族文学专题”这样的选修课。类似比较文学、世界文学选读这样的课程，目前我们在积极探索用双语开课。

三、结 语

在“新国标”的讨论中，不少专家学者都重新强调了外语专业的中文素养问题，这对今后外语专业中文课程的开设具有重要的导向意义。中文知识究竟以何种方式更好地融入外语专业的主体课程体系，更好地实现外语专业的人才培养目标，仍需要学界做出进一步明确的反思和探讨。回顾历史，我国的外语教育中一直有开设中文课程的传统，其经验值得我们借鉴。展望未来，新的时代语境对外语专业的中文素养以及跨文化能力提出了更高的要求。外语专业要想获得进一步的发展，就必须不断进行改革和创新。“新国标”既然是我国外语专业的准入、建设和评价标准，那么它对中文知识的强调就不能沦为一句空话。

参考文献

[1] 钟美荪：《实施本科教学质量国家标准，推进外语类专业改革与发展》，载《外语界》2015 年第 2 期。

[2] 舒新城：《中国近代教育史资料》（中册），人民教育出版社 1981 年版。

[3] 张之洞：《张之洞全集》（第 7—12 册），河北人民出版社 1998 年版。

[4]《文科本科现行课程》，载《北京大学日刊》1917 年第 12 期。
[5]《英文学系指导书》，载《北京大学日刊》1922 年第 1078 期。
[6]《文学院各学系课程大纲》，载《北京大学日刊》1931 年第 2682 期。
[7] 吴宓：《会通派如是说》，上海文艺出版社 1998 年版。
[8] 齐家莹：《清华人文学科年谱》，清华大学出版社 1999 年版。
[9] 付克：《中国外语教育史》，上海外语教育出版社 1986 年版。
[10] 李良佑：《中国英语教学史》，上海外语教育出版社 1988 年版。
[11] 戴炜栋、胡文仲：《中国外语教育发展研究（1949—2009）》，上海外语教育出版社 2009 年版。
[12] 辽宁省高等教育局等：《高等教育文件选编（1977—1982）》，1982 年。
[13] 李传松：《新中国外语教育史》，旅游教育出版社 2009 年版。
[14] 戴炜栋：《高校外语专业教育发展报告》，上海外语教育出版社 2008 年版。
[15] 林精华等：《文学经典化问题研究》，人民文学出版社 2010 年版。
[16] 姚小平：《外语教育和中文教育——从奏定大学堂章程说起》，载《外语教学与研究》2003 年第 6 期。
[17] 朱竞：《汉语的危机》，文化艺术出版社 2005 年版。
[18] 杨自俭：《英汉比较与翻译（3）》，上海外语教育出版社 2000 年版。
[19] 王守仁等：《外语教学改革出路笔谈》，载《中国大学教学》2007 年第 4 期。

（作者单位：外国语学院）

民族学本科生专业实习反思

范伯弢　蓝　凌　邱旻颐　石天姣　王颖钰

人类学发展到如今，田野工作或者说实地调查，已经成为一种标志性的研究方法了。有些学者指出，区别一项研究是否是人类学、民族学的关键就是田野工作的开展。田野调查的开展，是人类学、民族学等学科必备的重要本领，是增强对该学科认知度的重要的方式，同样也是践行“知行合一”观念的必要方式。正因为如此，中央民族大学民族学与社会学学院积极鼓励学生将书本上的知识运用到实践之中，从而在田野调查的过程中增强学生的理论知识。

和民族学与社会学学院及其他学院专业不同的是，民族学专业的实习情况，大多是被安排到大学二年级的暑假中进行，而专业实习的方式，是由老师带队，班级中的同学组成小组，带着问题进入田野地点，开展为期一个月左右的“同吃、同住、同劳动”的田野调查工作，最终解决问题，或者是为解决这样的问题提供合理的思路。

而这样一种实习经历，必定会为学生的今后两年的专业学习和思考带来影响。那么，本科生专业实习的开展，又会对同学们带来什么样的具体的影响呢？这种影响，对今后的本科生专业实习工作的开展又有哪些反思和启迪呢？

一、对本专业的再认识

虽然说学生在进行实习的时候，本身已经进行了为期两年的专业课的学习，而系统的理论学习，本身就会对同学们产生影响，但是这样的认识毕竟是有限的，它的局限性集中体现在书本上的知识与实际应用的知识的不匹配。因此，通过开展专业实习，将前两年所学习到的书本知识，合理地应用到实际的田野调查之中，就会给学生带来对于本专业的再认识。

以 2015 级民族学班于 2017 年暑假到瑞丽地区的实习为例，我们会发现，这样的一次实习给民族学专业的学生带来对本专业的再认识的影响。

同学S表示：

2017年7月份开始在云南省德宏傣族景颇族自治州瑞丽市为期一个月的专业实习中，我确实收获了很多。最大的收获是学习上的收获。这次专业实习算是第一次完整意义上的田野调查，“纸上得来终觉浅，绝知此事要躬行”，作为民族学专业的学生，我们在学习了两年的基本的民族知识和田野调查的方法后，考验我们真正田野能力的时刻到来了，我们一个个拖着箱子，满载着对田野的期待以及对调查的信心，决心将我们两年的学习所得付诸实践。但是当我们进入田野，才发现真正的田野调查要比我们想象中难得多。调查访谈是一门学问，在课堂上我们明白了什么是结构访谈，什么是半结构访谈，看似掌握了调查访谈的技巧，可是当我们真正进入调查地，我们却表现得茫然无措，我们不知道第一件事该做什么，匆匆忙忙拉着一个村子里的人就开始迫不及待地请她填问卷，回答我们的问题，最终我们的操之过急把人家给吓跑了。由此，我们开始明白，田野调查首先要明确调查目标，但也不能过于心急，应先进入田野，慢慢获得当地人的信任，再进行访谈，效果会更好。其次是与人沟通交往，我们一开始可能并没有找到和他们交流的适当途径，所以我们的请求访谈似乎并不被待见，想必是我们还未融进当地人的生活中，但是这一点随着时间的流逝会慢慢得到改善，当我们去的次数多了，当地人见到我们还会笑着跟我们打招呼，还会请我们吃饭，获得认可是进行深入调查的基础。

同学L表示：

在专业知识方面，本次实习提供了将理论转化为实践的机会，更让我们在实践过程中深刻了解理论。针对瑞丽地区傣族社会的特殊性，在运用专业知识理论的过程中更是要结合当地实际情况，不能照搬照抄书本内容。在实地调查过程中，将当地少数民族特色与社会内容及其他民族志进行比较，深化了我内心对少数民族概念的理解和界定。我院举办的本科生专业实习具有很强的实践意义，在帮助本院本科生巩固知识，加强田野能力的同时，更是帮助当地人从他观的角度认识自身文化，有利于当地社会接触外来文化，加快社会发展。这也是本专业学以致用的目的所在。

同学 W 表示：

田野调查让我们将理论与实践结合起来，使我们清楚地认识到了民族学这一学科的精髓之所在，做到了知行合一。在此之中，我们不断提高了专业素质，很有价值。

同学 Q 表示：

这次实习给我带来了许多之前从来没有接触到的人和事，让我学习到了许多知识，更好地与在书本知识相结合，融会贯通，更加深刻地理解了这门学科的意义。

由此可见，专业实习的一个很重要的作用就是将书本上所学到的知识与实际调查中所出现的情况相结合，或者说是利用实际的调查情况来检验，或者说是更好地理解之前所学到的课本知识。这是二者之间的互动的情况。也就是说，在专业实习的过程中，课本—实践这个二元结构得到了很好的融合。由此可见，专业实习的开展，对于同学们加深课本知识的再理解，是有着很重要的作用的。

而由课本知识的再理解，自然就会产生对本专业知识的再认识，因为专业知识是基于课本理论的；而对于本专业知识的再认识，同样也会加深同学们对于本专业的理解。

二、实践能力的增长

随着社会的发展，传统的、只会读书的“好学生”逐渐被社会所抛弃，而需要的是一种具有多方面素养的人才。专业实习就为这样的全方位人才的培养提供了契机。

田野调查并不是简单度假或者娱乐。它要求学生进入一个与自己日常生活完全不同的“异文化”的情景之中，而在这样的情况下还要与当地人进行沟通并逐渐取得他们的信任。只有这样，田野调查工作才有可能顺利进行下去。正是基于此，在田野点如何与陌生人沟通，包括与当地的政府以及当地人沟通，进而取得他们的信任，最终得到自己所想要的信息，就成了一件不容易的事情。这样的过程，必定会带来各种各样的难题，而在解决难题的过程中，学生的能力得到了锻炼，进而实践能力也得到了提高。

在实习所带来的实践能力中，与他人沟通，可以说是一个核心。沟通能力的提高，不仅对学生日后专业的实习、专业的社会调查、田野实践产生良好的影响，还会对其步入社会后，在与他人打交道时，带来有益的帮助。

关于这一问题，学生 W 表示：

我们研究的主要是傣族文化中的婚俗文化，在恰当选择田野点之后最重要也是最难的是与调查对象建立的良好关系。我们通过多次造访，帮助其做水果生意来拉近距离，并将自己放置于与之相同的文化环境之下，通过自然的聊天来逐渐获取我们需要的资料。但是当基本的访谈完成之后，会有一个进入更深层次的过渡期，这时我们想搜集到更多的回答变得较为困难，这时我们就会借助之前已经建立好的人脉关系去拓展，并且展示出更多的诚意与迫切需求，结果往往会大有收获。

学生 L 表示：

要说实习过程带来的最直接的影响莫过对自身的影响。田野调查是一个需要与当地老乡沟通的工作，甚至不仅仅是沟通，还要参与到他们的生活中去。在这一个月里，从完全陌生的环境、人群再到和老乡碰面能打招呼，记得清村子中的路线、人家。在逐渐融入当地人生活的过程中，得到了成长。也是对沟通技巧、尊重异文化的考验。

除了学会如何在异文化的环境下与陌生人沟通，进而获取自己想要的信息之外，学生所获得的另外的实践的能力，就是合作意识的提高。由于时代的特殊性，这一时期的学生大部分都是独生子女。而独生子女会或多或少缺乏一些合作精神。在田野调查的过程中，合作是必不可少的，因为在一个完全陌生的环境之下，只有身边的同学才是最熟悉的，是可以信赖的，况且独自一人有时候是无法完成大量的工作的。正因如此，学院相应地将实习班分为了几个小组，每一个小组成员相互合作，最终完成实习任务。对于意志的磨炼，则集中表现在实习过程中对所发生的各种困难的克服。同样，也增加了学生的社会阅历。

对于这一方面，学生也有很多自己的感想。

学生 S 表示：

> 除了学习，在瑞丽的一个月着实磨炼了我们的毅力。我们一行人到一个完全陌生的地方进行一个月的调查，对当地人来说，我们是外来者，是异文化的代表；对我们来说，当地人又何尝不是呢？我们深处于异文化中，难免会有诸多不习惯，刚开始接触新的环境时，心情是无比兴奋与激动的，探索新事物的兴致也高，但是随着时间的流逝，我们开始不习惯这里的环境、饮食，加上每日在田野中的奔波，我们开始疲惫，开始想家，这是难免的。庆幸的是，我们并不是孤身一人，我们可以相互陪伴，互相帮助，一起进行访谈，一起分发问卷，当然还有老师的指导与帮助，不同性格的人在田野调查中慢慢磨合，向着共同的目标前进，这份情谊在田野中慢慢建立，显得弥足珍贵。就这样，我们的田野在汗水与泪水交织、欢笑与疲惫并行中顺利结束了。

学生 L 表示：

> 本次实习我们采取的是五人一组共同行动的模式，进行调查时，我们小组五个人共同成长并团结一心。在调查过程中，我们五人遇到过矛盾和困难，吵过架，流过泪，可最后总能找到解决的办法。从普通同学到亲密朋友，是本次实习中的最大收获。共同承担的小组课题，五个人各有分工。访谈、笔记、录音、整理，相互分工合作使得小组报告完成得比较顺利。

三、反　思

从以上学生所反映的情况来看，本科生实习总体上来说是比较顺利和有成就的。但即便如此，在实习的过程中同样也出现了一些问题值得我们深思。

首先是理论的问题。具体来说，是实习的安排。虽然说大学二年级的暑假也已经学到了一系列的专业知识，但是总体上来看，之前所学习到的很多知识，并没有在实际的调查中起到很大的作用。虽然说在本科生阶段也开设过类似于“民族学调查方法”这样的专业课，但是这些课堂上所讲授的知识大部分都是理论的、宏观的知识，而在实际的调查过程中操作性并不是很强。而且，就2015级而言，这样的一门课开设在大学一年级的第二个学期，与实际的田野调查工作的开展相隔了足足有一年多的时间，而其中有很多的知识早已经被学生所淡忘，因此在理论上，学生还是没有很好地掌握实际调查工作中所需要掌握的系统的方法。

就这个问题，我们建议，开设更多的讲授调查方法的课程，而且在课程设计上更多地侧重于实际的操作，或者是在专业实习之前的一段时间，集中讲授相关的知识，让学生能够活学活用，这样会提高学生的调查效率。

其次是学生的积极性问题。田野调查是一个长时间的过程，并非一朝一夕就能够完成。因此，在田野调查的过程中，就需要很大的耐心。而由于年龄等生理方面和心理方面不可避免的因素，学生在调查过程中一方面很容易出现缺乏耐心，试图一蹴而就的现象；另一方面则表现为积极性不高。这一点值得我们注意。

就这个问题，我们建议，可以将实习的时间分为两部分。实习可分别在不同的时间点进行。这样既能够让同学们保持一定的新鲜感，不会因为长期在固定的田野点停留而产生厌倦感，还可以将两个地方、两次田野加以对比，积累更多的实习经验。

四、小　结

古塔和弗格森在《学科与实践：作为地点、方法和场所的人类学“田野”》一书中曾经提及“田野”，使人类学研究有别于诸如历史学、社会学、政治科学、文学和文学批评、宗教研究，尤其是文化研究等与人类学相关的学科。人类学与上述科学的区别与其说是研究的主题（实际在很大程度上是重叠的），还不如说是人类学家所使用的独特方法，即基于参与观察的田野调查方法。由此可见，田野调查对于人类学民族学这样的一个学科的重要性。作为本校“双一流”学科的民族学，其重要性更是不言而喻的。民族学与社会学学院所提供给学生的专业实习在一定程度上可以算作是专业的民族学人类学工作者的“成年礼”，其开设是十分必要的。而其本身给学生所带来的，既有专业知识上的启迪，同样也有学生生活和实践中的锻炼。但是，这样的实习却也并不是完美的。在实习工作的开展过程中所出现的各种各样的问题，也同样值得我们去进一步反思，做出进一步的改正措施，促进专业实习更加专业化。

参考文献

[1] [美] 古塔、弗格森:《学科与实践：作为地点、方法和场所的人类学“田野”》，见 [美] 古塔、弗格森:《人类学定位：田野科学的界限和基础》，华夏出版社 2013 年版。
[2] 黄剑波:《何处是田野》，见庄孔韶主编:《人类学经典导读》，中国人民大学出版社 2007 年版。

（作者单位：民族学与社会学学院）

增强民族文化自信与大学英语课堂新实践[①]

——以西方作家与中国文化课程为例

周 颖 石 嵩

文化自信的提出，立足于中华民族自身的深厚文化土壤，聚焦我国悠长的历史文明，旗帜鲜明地指出当下文化发展的必然趋势。文化自信对大学英语课堂教学提出了新的时代要求。习近平总书记在十九大报告中提出："要坚定文化自信，推动社会主义文化繁荣兴盛。没有高度的文化自信，没有文化的繁荣兴盛，就没有中华民族伟大复兴。要坚持中国特色社会主义文化发展道路，激发全民族文化创新创造活力，建设社会主义文化强国。"[②] 中央民族大学的大学英语教学正是实践文化自信的一个良好平台，如何利用好这个平台，如何顺应时代发展潮流，如何在教学中生动地传递文化自信的精神和增强民族文化自信，是新时代大学英语课堂实践中需要直面的重要问题。

一、增强民族文化自信及其对大学英语课堂实践的新要求

党的十九大报告将文化自信的重要性提升到一个崭新的高度，为中国特色社会主义文化发展指明了方向。增强民族文化自信，展现民族独特文化风貌应当成为大学教育极其重要的组成部分之一。大学英语课堂，作为校园内中西文化互鉴的重要载体，更加需要展现新的时代风貌。文化自信

---

① 本文是2017—2018年度中央民族大学党的十九大精神研究专项课题"中国少数民族题材电影字幕外译及跨文化传播效度提升研究"的阶段性成果（2017SHJD26）；本文是2018年度中央民族大学校级教改立项"'双一流'与'新国标'背景下的大学英语输入—输出双向互动模块化教学改革探索与实践"之阶段成果；本文是2018年中央民族大学研究生人才培养工作坊项目"中国民族文化外译与增强国际传播力建设工作坊"的阶段成果；本文同时是2018年中央民族大学研究生人才培养工作坊项目"中国民族文化外译与增强国际传播力建设工作坊"的阶段性成果。

② 中国共产党第十九次全国代表大会报告《决胜全面建成小康社会，夺取新时代中国特色社会主义伟大胜利》，2017年。

的提出，对大学英语课堂实践提出了新的要求。传统的大学英语课堂实践注重学生具体英语能力的培养，通过听、说、读、写等侧面提升学生综合掌握运用英语的能力，主要集中在技能层面的训练上。除基础语言训练与培养外，传统大学英语课堂实践往往以介绍西方文化为主，学生处于一个大量吸收外语与外国文化的状态，致使中西文化互学、互鉴、互相对话缺失。民族文化与西方文化比较研究的天平总是偏向西方视角。学生通过学习英语反观自身文化、把握民族文化、谋求异质文化平等对话的能力并不突出。笔者认为，在新的时代背景之下，英语教学不能再继续局限于单方文化的单纯输入。只有在旗鼓相当的双方文化互动下才能产生真正意义上的对话。所以立足、重视本国民族文化土壤就显得尤为重要。

在大学英语课堂实践中，教师应当自觉更新教学方式，将传统课堂实践与中西文化对话相结合。学生应自觉培养自身反观本国文化的能力，在反观中增强对本国文化的理解，反思英语世界中的中国文化与汉语世界中的英语文化以及二者之间的联系。更为重要的是，学生应在比较的视野下提升民族文化自信。下文将以中央民族大学外国语学院西方作家与中国文化课程为例，阐述在大学英语课堂实践中反观本国文化、提升民族文化自信的可能性与可行性。

二、西方作家与中国文化课程的生动实践

（一）授课方式，灵活多样

西方作家与中国文化课程通过展现西方作家与中国文化之间千丝万缕的联系，为学生提供了中西文化视域融合的独特视角。授课教师先以专题授课的形式为学生呈现、提供中西文化比较的思维角度，重点突出中国文化对经典西方作家作品的影响及中国形象在西方文学作品中的呈现。诸多西方经典作家，如英国的毛姆，美国的马克・吐温、庞德、尤金・奥尼尔、珀尔・巴克等，都曾深受中国文化的影响。这种影响在他们的著作中可以找到直接的证明。发现与证明影响只是第一步，作家如何呈现这种影响、为何呈现这种影响及呈现本身产生的后续影响都应纳入思考的范围。正如葛桂录在其专著《雾外的远音：英国作家与中国文化》中所阐述的那样：“大雾可以消除，但心头之雾（‘误’）则不易散发，这正是跨文化交

往过程中亟待突破的难题，但愿由‘误’而‘悟’，互识互补。”① 只有带领学生不断挖掘文本与文化间的关系，才能逐步向互识互补的方向发展。

学生在西方作家与中国文化的课堂上可以选择自己感兴趣的西方作家作品。通过研读文本，在把握西方经典的同时探求中国文化与中国形象在具体文本中的呈现，并进一步通过文献梳理与论文查阅的方法，思考文本呈现背后隐藏的历史、政治、文化原因。这样就把单纯的文本阅读与分析向外又拓宽了一个维度，加深了学生的思考，培养了学生的基本学术思考方式，更可以激发各民族学生关注本民族独特文化现象的热情。这样的延伸思维就将课堂内的学习扩展到对本民族文化的深层思考上来，从而可以帮助学生更细致系统地体会自身所在的民族文化土壤。

除了传统课堂的师生两极模式，西方作家与中国文化的课堂上还不乏其他名师的身影。针对不同的专题，教师会请相关研究领域的专家学者为学生提供系统全面的背景知识，展现学术思辨过程。如在结束英国文学与中国文化的板块学习后，教师并不急于进入下一板块的教学，而是邀请相关专家为学生全面梳理16世纪到18世纪中国文化在英国的传播情况。这样，系统性的回顾能为学生搭建起更为牢固完善的知识框架，也为接下来的学习奠定了更好的基础。又如，当学生进行关于马克·吐温的课堂展示时，教师及时邀请外教补充西方视域下的马克·吐温与中国文化研究。这样就为学生与外教之间搭建了一个小型学术沟通平台。同时，不同视角下的研究展示能帮助学生更加充分地认识研究对象。教师、学生、外请专家共同参与课堂构建，这样的多方参与互动无疑丰富了该课程的维度与广度。

（二）师生互动，教学相长

西方作家与中国文化的课堂特别重视师生之间的互动与对话。教师准备的内容搭建起了课堂的主体构架。更进一步，教师的提问、学生的积极回复与反问充实了课堂的内容。学生只有将自己置于问题之中，置于密集的思考中，才能和教师一起充分参与到课堂中来。在西方作家与中国文化的课堂上，学生将会面对一种新的分析方式，即在中西视域的转化交融中分析具体文本，反思当下现实。我们应当特别关注当下中国民族文化美美共存、和谐共生的现象，更应思考如何从灿烂的民族文化中提炼出独特的

① 葛桂录：《雾外的远音：英国作家与中国文化》，宁夏人民出版社2002年版，第4页。

文化视角，形成新时代的文化视域，增强民族文化自信。

在前期的课堂中，学生需要经历一个从单向线性视角向双向互动环形视角的转换过程，在这个过程中，学生需要逐步培养自己的比较分析意识，这种转换并非一蹴而就。经过前期教师的引导与自己的思考，学生慢慢开始掌握这种研究方法，将其与自身原有的知识结构相融合。在西方作家与中国文化的课堂上，教师鼓励学生拥有自己的创见，不断挖掘新视角、新视域，在跨文化语境下丰富可探索的角度。

（三）学生展示，初成体系

经过前期课程的积累，学生对于如何利用视域转换解读分析西方作家文本中的中国元素已经有了一定的了解和认识。后期学生将充分参与到课堂中来，师生进行角色互换。学生以分组的形式分别承担一位西方作家的作品分析，着重阐述中国文化对该作品的塑形与中国形象在文本中的呈现，并有意识地探求背后的深层原因。

如某组学生选择了美国剧作家尤金·奥尼尔的中期实验戏剧作品《马克百万》，并探讨分析中国道教文化在文本中的具体呈现。在文献梳理的过程中，该组学生发现英语世界中西方学者的批评视角与本国研究者的视角有较大出入。本国学者对于奥尼尔剧作中的道教文化给予了充分的关注与阐述，涉及的范围不仅局限在尤金·奥尼尔的中期实验戏剧作品，而且将奥尼尔的后期戏剧作品也一并纳入其中，尝试勾勒出中国道教文化对奥尼尔创作的深刻影响。早在 1988 年由南京大学出版社出版的由刘海平、朱栋霖撰写的《中美文化在戏剧中交流——奥尼尔与中国》中，两位学者就将老庄思想对奥尼尔戏剧创作的影响做了较为全面系统的概括与总结。较之中国学者，西方学者的目光则较少聚焦在道家文化上，更倾向于研究处于同一文明圈内的尼采、荣格、易卜生等人对奥尼尔的影响。只有非常少数的西方学者持续关注道教文化对奥尼尔的影响，如 James A. Robinson。道教影响批评研究在西方奥尼尔批评中是边缘化与非主流的。同学们同时还提出，无论是奥尼尔本人在剧本中对道家文化的呈现，还是英语世界中非常有限的对道教影响的探讨都不可避免地存在理解不当、理解偏颇的情况。针对这种情况，学生通过搜集资料发现，当时奥尼尔阅读的《道德经》版本为汉学家理雅各的英译本，且当时英语世界仅有译本，尚未有对老庄思想的完整的配套阐述。由此启发学生进一步反思当下中国文化传播的现状，认为中国文化走出去，不仅需要优秀准确的译本，更需要配套的阐发、评论与文学批评。至此，该学生已初步完成了一个完整的思路，经过后期更多的文献阅读与整理，可以写出一篇有观点、有依据且有现实意义的论文。

（四）立足实际，回顾反思

对于学生和老师来说，每次课堂的结束正是一个全新思考的开始。教师鼓励学生将视野从课堂内部延伸至课堂之外，进一步深入思考当下中西社会中的文化传播、文化交流、文化解读等问题。学生在课堂上积累的中西视角转换分析的能力可以和实际相结合。如上文提到的解读尤金·奥尼尔的学生，可以再继续从中国文化走出去的视角出发，将课堂知识与当下实际相结合，探求中国文化在异质文明下的接受程度及表面现象下的深层原因，如配套文学批评和评论的缺失等。并可以通过自己的研究，尝试给出解决方案，虽然不一定成熟，但贵在有自己的深入思考，在这个过程中可以锻炼学生基本的思辨、批判与学术能力。这也是这门课程设立的初衷之一。

西方作家与中国文化课程依托具体文本，对单一文本进行了丰富的多维分析，既有西方视角下的评论，又有中国视角下的解读，并立足于本土文化，通过不同视域下的分析反观本国文化在异质文明下的形象。传统的大学英语课堂主要聚焦文本内部内容，利用文本细读的方式提高学生的阅读能力。新时代背景下，文本细读仍是非常重要的教学方法，但对文本的多维分析，特别是置于中西跨文化语境下的分析也需要得到足够的重视。仅局限在象牙塔内的英语教学是不可取的，教师应当在教学过程中积极探索教学内容与当下现实的紧密结合之处。特别是中央民族大学具有不容忽视的多民族、多元文化交融的典型特点。各民族同学可以充分运用英文，从多角度讲述本民族的独特故事，为本民族文化代言，增强民族文化自信。教师应当有意识地鼓励倡导各民族同学以具体实践的方式提升民族文化自信。

三、从课程实践反观文化自信

文化自信的提出，要求我们深刻把握中国本土文化，正确对待异质文明交融。中国要同时做经济上的大国与文化上的强国。当下新时代呼吁文化自信，讲好中国故事。了解把握理解本国文化是每一个学生的必修课。世界文化交流广泛，需要各方进行平等有益的对话。文化只有在互鉴交流中才能展现新的活力与光彩。中华民族有着灿烂的古代文化与生机勃勃的当代文化，学生应当牢固树立文化自信意识，植根于本土文化。由于历史的种种原因及以往信息交流不畅，中国文化与中国形象在某些西方文学作品中的展现存在扭曲的情况。如邪恶封建的傅满洲形象，满足了特定历史条件下西方世界对于中国充满怀疑、抵制与恐惧的想象。这样的想象在文学作品中被固定下来，也会产生巨大的影响。

异质文明在交融的过程中不可避免地会产生一定的碰撞与阻力，当下我们需要的是深刻把握中国本土文化，利用文明间的平等对话化解阻力，破除彼此的偏见，呈现一个真实的形象。在大学英语课堂上，教师无疑应当引导学生正确分析对待异质文明交融。再反观本国文化土壤，我们更应当重视中国多民族共存的现实文化语境。在中央民族大学学习的各民族同学具有独特的民族特性，教师应以大学英语教学为媒介，助力践行“美美与共，知行合一”。

四、结　语

正如钱林森在《外国作家与中国文化：交往与相互启迪》里所说的那样：“外国作家与中国文化这一课题，就不仅涉及外国作家在事实上接受中国文化哪些影响和怎样接受这些影响的实证研究，还应该涉及他们如何在各自的心目中构想和重塑中国精神形象，进行文化和心理的考察，研究他们的想象与创造……对这些话题的深入展开和讨论，不仅有助于我们弄清外国作家在接受中国文化的过程中，怎样因其不同的文化背景、思维方式、社会需求、文化观念及个性特点等错综复杂的内在和外在因素而走过的色彩斑驳的历史轨迹，有益于中外文学和文化关系的整体考察，而且也有助于我们反观自身，自省自审，从而更好地认识自己，有利于我们民族文化人格的建构，推进和完善自家文化现代转型。”①

我们在课堂中探索反思中国文化与中国形象在西方文学中的呈现，最终的落脚点还是自身的文化土壤。我们借助视域融合下对自身文化的反观而更好地了解本国，树立文化自信。正如习近平总书记在庆祝中国共产党成立 95 周年大会上的重要讲话中提出的那样：文化自信是更基础、更广泛、更深厚的自信，是更基本、更深沉、更持久的力量。西方作家与中国文化课程对传统教学文本进行中西视角的转换分析，在视域融合中分析、

---

① 钱林森：《外国作家与中国文化：交往与相互启迪》，载《中华读书报》2002 年 10 月 23 日。

检验、评判、反思英语世界中的中国文化与中国形象。中央民族大学外国语学院开设的西方作家与中国文化课程，反映了新时代背景下的跨文化语境大学英语课堂新型实践。同时，这门课程在中央民族大学还有其独特的价值与意义。教师通过教授该课程，鼓励倡导各民族同学反观本民族文化，展现民族文化特性，增强民族文化自信。中国的文化自信少不了各民族独特文化的助力，各民族文化在文化自信的呼吁下大放异彩。

参考文献

[1] 中国共产党第十九次全国代表大会报告《决胜全面建成小康社会，夺取新时代中国特色社会主义伟大胜利》，2017 年。

[2] 葛桂录：《雾外的远音：英国作家与中国文化》，宁夏人民出版社 2002 年版，第 4 页。

[3] 钱林森：《外国作家与中国文化：交往与相互启迪》，载《中华读书报》2002 年 10 月 23 日。

（作者单位：外国语学院）

国外高校大学生学术诚信制度对我校的启示

——以新西兰梅西大学为例①

王利众 朱丽平 李景聪

一、概 述

目前，世界各高校大学生的作业抄袭、考试作弊、论文剽窃等学术欺骗行为都较为普遍。随着互联网技术的普及和发展，各种学术作弊现象更是防不胜防，因此各个国家的大学都把如何建立和完善大学生的学术诚信制度作为一个重要课题来研究。我国也不例外，各大学都在积极研究和探讨适合于本校的大学生学术诚信制度的建设，作为以培养我国少数民族精英为目标的中央民族大学也应将此问题提到一定的高度上来。

新西兰梅西大学成立于 1927 年，是新西兰八大公立大学之一，由北帕默斯顿、奥克兰、惠灵顿三个校区组成，其中北帕默斯顿校区为主校区。该大学共有五个学院：商学院、创新艺术学院、健康学院、人文与社会科学学院及理学院。下面介绍梅西大学的大学生学术诚信制度，希望对我校大学生学术诚信制度的完善与改进有所帮助。

二、梅西大学的大学生学术诚信制度

1. 学生上课考勤

梅西大学没有上课考勤制度，因此任课教师不会在课上点名，是否上课完全由学生个人决定。但大部分课程每学期都有若干次课上小考，不上课若想取得该门课程好成绩是比较困难的。梅西大学有的课程，如信号与

---

① 本文是中央民族大学“一流大学和一流学科”建设的阶段性成果（018004032101）。

系统课规定，期中考试成绩若低于40分（百分制），期末考试成绩再好也意味着该门课程不能通过（该门课程平时作业及课上考试成绩占总成绩的30%，期中考试成绩占20%，期末考试成绩占50%）。此外有些专业，如梅西大学工科学生一二年级不分专业，三年级分专业，各专业对所学课程及分数都有要求，如电子与计算机工程专业对学生学术成绩的要求就较高，因此若想两年后到所希望的专业或学科学习，必须努力，否则不得不转入其他学科和专业，还得再花钱、花时间补修其他专业某些课程（梅西大学采用学分制）。

2. 学术论文作弊

由于关系到教师名誉，新西兰大学教师对学生论文质量把关很严格，若发现论文有作弊嫌疑便会约谈学生质询，敦促其对论文进行修改与提高。

3. 个人简历造假

在新西兰，一般用人单位可在大学校园网上查出很多学生个人专业信息，如学生的毕业设计题目、内容及成果等。个人简历造假会对学生造成比较严重的后果，因此学生的个人简历一般比较真实。

4. 荣誉学士制度

对于品学兼优的毕业生，梅西大学将授予其荣誉学士学位，荣誉学士分为一级和二级两个等级，一级最高。梅西大学工科专业学制四年（新西兰大学的学制一般为三年），其工程荣誉学士学位经新西兰专业工程师协会认证，获包括美国、英国、加拿大、澳大利亚在内的华盛顿协议签署国的认可。因此学生都很重视自己的学术品行，希望拿到这个荣誉学士学位，这样本科毕业后既可直接攻读博士学位，又可到澳大利亚、英国等国家寻求发展机会，毕业等级越高，找到好职位的机遇越大。

5. 学生学术诚信教育

梅西大学在其大学开放日及学生入学第一年即对学生进行学术诚信教育，其实新西兰的中小学就很重视对学生进行学术诚信教育，父母也教育自己的子女不要在学习上作弊。梅西大学每门课程教学大纲的最后都会谈及学术诚信问题，如信号与系统这门课程，在其教学大纲中就写着：如果学生学术作弊将受到考试成绩减分甚至被学校开除的处罚。

6. 考试工作流程

梅西大学各学院各门课程的期末考试均由学校的有关考试部门组织完成，每学期将安排最后3周左右的时间作为考试时间，每门课程具体的考试时间、地点由学校考试部门统一确定，一般每个考场的考生来自两个或两个以上的专业。监考老师（每个考场监考老师2～3人，一般不是梅西大学在职工作人员，如有的监考老师是梅西大学退休教师）在考前半小时左右进入考场（学生在考场外等候），将试卷发放到座位上（考试座位左右隔开，同专业试卷在同一列）。考试前15分钟，允许学生进入考场，学生应将手机等通信设备关闭并将书包等个人物品放到讲台附近，然后坐到考位上（座位按专业自选），这时该考场内相关课程考试的任课教师也会到场。学生就座后，可打开试卷审题，但不能动笔，如果学生对试卷有问题可向相关任课教师提问。考试时间到，监考教师宣布开始考试，学生动笔答卷，此时任课教师退出考场。若学生对试卷再有问题，监考老师会给任课教师打电话，任课教师会再次到场为学生解答试卷有关问题。考试时间快到时，监考老师会提醒学生抓紧时间。考试时间结束，学生将试卷倒扣在考桌上停笔，监考老师收齐试卷后，学生离开考场（学生可以提前交卷，但考试快结束时，学生则不能再提前交卷，梅西大学每个教室墙上都有挂钟，但均无闭路电视监控系统）。

7. 毕业论文质量保证

梅西大学十分重视本科生毕业设计工作，每年毕业生的毕业论文题目、毕业设计内容、主要成果、学生及指导教师姓名等都将在网上公布，若学生论文中有造假成分，指导教师将负直接责任。学生毕业论文集中答辩，答辩时间、地点都会在网上公布，不少二三年级的学生及教师都会去听自己感兴趣的毕业论文答辩。每个答辩小组有3位评审教师，该小组答辩学生的指导教师不会被包含其中。答辩流程控制严格，若答辩学生答辩超时，则会被答辩小组负责老师叫停，学生答辩分数会受一定影响。学生答辩结束时，每位评审都会提出较尖锐的问题，然后并在答辩评分表上打分并签名。答辩结束当天，学院晚上会组织小型活动，并当场表彰毕业设计优秀的学生，学生代表也会向教师致谢。

8. 有关学生学术诚信问题的规章制度

梅西大学有关学生学术诚信问题的规章制度有《梅西大学对于违反学术诚信制度之处理程序》《梅西大学有关学生学术诚信政策的规定》《梅西大学有关知识产权政策的规定》《梅西大学学术研究过程中出现不当行为应负责任之处理规定》等，对各种不同程度的学术不诚信行为都有相应的处理程序。当然学生也有申诉的权利，如“信号与系统”这门课程在其教学大纲中写有：若学生认为教师认定做出的学生有学术不诚信行为而受到不公正处罚的，可按照学校有关规定，依照相关程序，逐级申诉。

三、相关建议与思考

俗话说“十年树木，百年树人”，搞好学生学术诚信工作，应当是我校保证学生培养质量最基本的工作。

1. 改变学生上课考勤制度

取消传统的上课点名制度，该方法的问题在于教师一上课就点名，学生会早退，快下课时点名，学生会迟到，即使是灵活点名（如上课在人数最少时点名），人虽然在课堂，但不能保证听课质量。每门课可增加课上小考次数，用成绩来约束学生上课率及听课质量。

2. 学术论文

由于大学生的主要任务是学习专业知识，学术水平有限，因此不建议太多课程安排学生撰写与课程有关的学术论文。

3. 学生简历真实性保证

我校可将学生个人专业信息（如学生学习期间获得的各种荣誉、专业成果、毕业设计题目及内容等）发布在校园网上，以提高我校学生投寄简历的真实性，维护学校声誉。

4. 建立毕业生荣誉等级制度

对学术诚信、成绩优秀的学生可授予不同等级的荣誉学位。采用一票否决制，对于在本科学习期间有过学术不端行为的学生，不管其学习成绩多么好，其他方面表现如何优秀，都将不授予其荣誉学位，以达到弘扬正气、净化学术风气的目的。

5. 加强学生学术诚信教育

在相关课程及教育教学环节加强对学生的学术诚信教育，学校的任课教师、辅导员、班导师、教学管理人员、党团工作人员等都应参加到提高学生学术诚信度的工作中来。

6. 改进考试工作流程

每学期期末考试由学校的有关考试部门统一组织完成（院系不再参与期末考试安排工作），每门课程具体的考试时间、地点由学校考试部门确定，每个考场的考生来自不少于两个及两个以上的专业。监考老师由已退休教师，已毕业本校学生、学生家长及与考场考试科目无关的教师组成。考试前 15 分钟，学生及有关考试课程的任课教师进入考场（当然有关考试课程的任课教师也可不必进入考场，在较近教师休息室等待即可）。学生就座后，可打开试卷审题，但不能动笔，若学生对试卷有问题可让相关任课教师进入考场作答。这样可以增强考场的严肃性（任何国家级、省市级的大考，相关任课教师当然不能进场回答问题，这也可以减少学生对教师的依赖性）及教师出题的严谨性（谁也不愿意因为试卷有问题而遭到学生质疑，这样也可以提高教师出题质量）。学校相关部门人员可利用我校闭路电视监控系统监控整个考试过程。

7. 严把学生毕业论文质量关

目前，大学生毕业论文造假现象严重（抄袭网络文章、毕业设计造假等）。为了保障我校学生毕业论文质量，我们也可将每年学生的毕业论文题目、毕业设计内容、主要成果、学生及指导教师姓名等在网上公布，供社会及全校师生监督。若学生论文中有造假成分，除了学生要承担其后果外，其指导教师也应担负相关责任。这样就可以引起学生及毕业设计指导教师对毕业设计工作的高度重视，保证我校毕业生的专业与学术质量。另外，我们还要建立一套完善可行的有关学生学术诚信问题的规章制度。

（作者单位：信息工程学院）

"研学"与"创业"的深度融合

蒲秋梅　张　洪　李瑞翔　兰天一　曹修山

一、引　言

创新创业离不开各项专业能力，中央民族大学智能车工作室将创新创业教育理念融入专业课程和专业实践教学之中，强化专业教育与创新创业教育的融合，将竞赛科研成果转化为创业内容，从而为专业教育、专业竞赛成果找到出口，将各项科研竞赛成果转化为具有社会价值的创业内容，在推动创业项目发展的同时提升大学生实践创新能力、就业竞争能力和持续发展潜力。

通过竞赛与创业的对接，智能车工作室与我校学生创业团队深度融合，在成果应用层面将科研竞赛成果通过该团队转化为具有社会实用价值及商业价值的面向青少年的创客课程，在学生培养层面为智能车工作室车队队员提供综合能力实践平台，通过"研学"成果推动"创业"进程，在为该创业团队提供内容支撑的同时，也通过该团队的创业实践锻炼了车队学生的各项能力。

二、创新实验室的传承和发展

（一）我校智能车队概述

对智能车比赛的探索最早始于2013年，通过一门选修课程"嵌入式系统应用设计"聚集了一些对软硬件结合进行嵌入式开发和设计感兴趣的教师和学生，一个偶然的机会看到了全国大学生智能汽车比赛的视频，由此激发了教师和学生参与比赛，探索未知领域的好奇心。智能车队于2014年正式创建，并组建了三支参赛队伍参加第九届"飞思卡尔"杯全国大学生智能汽车竞赛。由此，从历届比赛的技术报告，到摸索模型车的构造，我们一步一个脚印地走到了比赛现场，我们可以改进的空间仍然很大，比如机械结构、电子电路设计方面，还有算法适应性方面等。

2015 年，车队指导老师和车队学生共同成立了智能车创新工作室，目的是建立以全国大学生智能汽车比赛为平台的本科生创新项目工作室。实验室立足于比赛却又不局限于比赛，智能车工作室涉及多个领域、多个学科，聚集了不同专业、不同特长的学生，同时多领域多学科也可以开拓学生的眼界，发散学生的创新思维，有利于综合能力的培养。

一个好的创新工作室的发展除了必要的硬件条件之外，还要有良好的传承，不仅需要将每届的经验积累传承下去，最重要的是将宝贵的创新精神和创新热情传承下去，这就需要高年级学生为低年级学生带好头，做好榜样。就此创新工作室在以下几个方面做出了安排：

（1）项目团队在专业老师的指导下，积极参与创新项目。指导老师指导学生参与创新项目，评价项目的合理性、可行性，并提出具体的实施建议。

（2）本科四年级学生由于需要准备工作或者考研，时间上不允许其参加新的创新项目，但是他们参加了本科三年级时的智能汽车比赛，具有丰富的实践经验，是经验介绍和项目传承的榜样。

（3）本科三年级学生知识体系结构逐渐完备，并且有四年级学生的帮助，又有大二时积累的实践经验，已经具备独立完成部分项目的条件，这批学生是创新项目中的主力。除此之外，实验室的日常管理工作、校内竞赛的筹办工作也交由大三学生负责。

（4）本科二年级学生多为新加入成员，对实验室的相关运行还不是很熟悉，其主要任务是向高年级学生请教，逐步完成相关知识的积累，培养自己独立解决问题的能力，通过与高年级学生的交流，进行创新项目的制作，参与其中的各个环节，并从中吸取经验。

（5）本科一年级学生，通过实验室的宣传，对创新项目进行观摩，获得感性的认识，加深对创新项目的理解，提高对创新项目的认识，从而进入自发学习的阶段。

（6）每次参加完全国大学生智能汽车比赛之后，要求参赛选手进行经验总结，并及时在团队中进行经验交流。

（二）我校创业团队橙彩教育团队概述

橙彩教育团队是由我校学生创立的青少年科技创客教育团队，该团队目前已获“北京市优秀大学生创业团队”等奖项。该团队已在中国科技馆开展科普课程40余次，为北京市教委初中开放性实践课堂提供了多门课程服务，为北京市10余所中小学提供了科技节活动服务，为北京多所中小学提供了科技研学课程服务，为《北京科技报》、国家地理科学营等提供了多元化的科普课程服务。在大量的创业实践中，该团队结合自身优势，为用户提供了专业的科技教育服务，取得了较好的成绩。

图1 《中国日报》封面报道

橙彩教育目前已经在国内顶尖科普展（科技酷品展、全国科普日等）中多次亮相。其中，全国科普日活动橙彩教育展区成为新闻头条被China Daily在封面予以报道（图1），科技酷品展橙彩教育展区被《北京科技报》报道。在各类展览中，橙彩教育所提倡的创客精神得到了国内外专家认可。此外，橙彩教育与中央电视台、《北京科技报》、河北卫视等主流媒体也有较为深度的合作。与中国科技馆、汽车博物馆、探梦科技馆等科普基地的交流合作日益频繁。通过不断的合作交流，橙彩教育向外界展现了中央民族大学学子风采，展现了青少年的创客精神。

图 2　科技馆活动

在理念上，橙彩教育专注于青少年创客教育，希望通过科学教育为科教兴国尽绵薄之力。在实践方面，橙彩教育通过开放性科学实践课堂、社会大课堂、各类科普基地等平台积极为青少年提供优质科技教育服务。

橙彩教育最初与中国科技馆合作，目前开展科普课程已有 40 期，共计服务 3000 余名学生及家长，成为中国科技馆特约科普合作伙伴（图 2）。同时还参与市教委的开放性课堂活动，承接北京市教委开放性实践课堂 3 门课程任务，目前有学院路教学点、海淀五路居教学点以及房山长阳教学点。承接中小学科技节活动，目前已为 8 所中小学（培新小学、张家湾小学、石园小学、贡院小学、汇文中学等）提供科技节策划、执行服务。中央民族大学科普体验课，开展科普体验活动，目前大学内的“56 创”已为航天中学、IBM 亲子团、国家地理科学营等提供了科普活动服务。

三、双创背景下的科技竞赛实践

智能车创新工作室主要在以下几个方面通过“研学成果”推动创业进程：

（一）专业背景支撑，以优秀竞赛成果为基础开发创业产品

从第十届比赛开始，智能车工作室开始进行校内赛和组队培训并选拔

优秀学生进入正式比赛。2015—2017 年，每年派出 6 支队伍参赛，全部坚持完成所有组别的比赛，比赛成绩也呈现出节节攀升的态势。在刚刚过去的 2017 年比赛中（图 3），我校分别参加了电磁四轮组、电磁双车组、电磁节能组、光电四轮组、光电双车组、光电直立组六个组别的比赛，获华北赛区竞赛二等奖四个队，获华北赛区竞赛三等奖两个队。竞赛成绩比以往有较大的提高，二等奖获奖队伍数量有了显著增长，六支参赛队均斩获奖项。

图 3　第十二届比赛合影

在这些成绩的背后，有着学校教务处马明胜处长和信息工程学院曹永存院长的大力支持和同学的不懈努力。通过与橙彩教育所提供的创客教育项目相结合，智能车队在竞赛中运用到的计算机编程、工程学、机械等相关专业知识可以在简化后以授课的方式教授给青少年群体。将智能车的研制过程转变为青少年动手实践的一个项目，通过项目锻炼青少年的动手能力、逻辑思维能力和综合实践能力，达到教育的目的。将车队竞赛过程中的各项内容实践打包成一个体系化的课程，最终形成课程产品。这样既节省了学生创业团队的研发成本，也为竞赛成果找到了出口。

（二）学生综合实践，以专业知识技能为起点提供实践平台

目前，智能车队有学生 22 人，其中有近一半的同学同时参与了橙彩教育创业项目。智能车实验室大力鼓励学生参与创业项目，为学生搭建综合

实践平台。在项目中，学生可以以自身的专业知识为基础参与项目的运营实践。学生通过参与项目的运营，不仅巩固了专业知识技能，更提高了知识在实践中的运用能力，同时在参与创业项目的同时获得了除知识之外的其他各项能力。创业是一个完整的实践活动，学生需要在这个过程中不断地具备更多的综合能力，才能运营完善整个创业项目。因此专业知识只是学生参与创业的起点，学生在创业项目中获得的各项其他能力才是创新创业教育带来的综合提升。

（三）培养思维理念，以实际运营项目为案例启迪创业精神

学生在参与创业项目的同时，在实践中获得了各项综合能力最重要的是培养了创新创业精神。智能车通过与该创业项目的结合，以该项目为案例，引导、培养学生的创新创业精神。在智能车队中营造氛围，促进车队学生和创业团队成员之间的交流，以实际的创业案例启发学生的创业精神。

四、已有成效

（一）竞赛成果有出口

智能车实验室在做好自身竞赛的同时，与橙彩教育团队共同开发适合中小学授课的创客课程。其中，合作开发的基于传感器的智能避障小车体验课程两门，已在中国科技馆等科普基地进行多次实践；合作开发的足球机器人小车科普课程，已在各中小学开展多次。

（二）学生实践有平台

在与橙彩教育团队深度结合的同时，智能车队中一半以上的学生通过橙彩教育项目接触社会，进行与专业相结合的社会实践。

（三）双创教育有抓手

学生在参与创业项目的同时，通过实际的项目锻炼了创新创业的精神，培养了与之相关的能力素养与职业素养，培养了与之相关的踏实肯干、诚信务实的品格，为学生今后走上就业创业之路开阔了视野，提供了多种选择。

五、结束语

全国大学生智能汽车竞赛应有效地促进、带动学生的专业学习与实践，提高常规教学实践水平；而常规教学实践水平的提高又反过来保证学生以相对较高水平参赛。课赛结合，相互促进，形成良性循环。与此同时，竞赛与创业的深度融合，提高了学生将知识转化为成果的积极性；竞赛科研成果和创业内容相互转化，找到了专业教育、专业竞赛成果的有机结合点，使具有科研性质的竞赛成果转化为具有社会价值的创业内容；在推动创业项目发展的同时，也提升了大学生实践创新能力、就业竞争能力和持续发展潜力。

（作者单位：信息工程学院）

教育教学管理

基于人才培养导向的招生实践与探索

——以中央民族大学2017年招生工作为例

王军杰　宋海斌

大学的首要之义与根本任务是人才培养。作为人才培养链条上第一环的招生工作，应当也必须与人才培养工作保持同步。与“培养什么样的人”和“如何培养人”这一核心命题相对应的，是对“招收什么人才”和“以何种形式招收人才”的思考与实践。

一、招生工作的基准定位

高等学校招生的根本任务是选拔人才。作为一项系统工程，它是发现、选拔、培养、使用人才的一项最基础的工程；作为一种选拔人才的制度，它是古往今来选贤取才最基本的途径，被喻为“基础教育指挥棒”、“人才流动指引器”和“高校人才筛选器”。

作为高等教育的入口环节，招生是人才培养的起点，既是高质量人才培养的基础和前提，也是社会对学校办学水平认可程度的晴雨表。招生质量好坏，结构是否合理，对于人才培养和就业具有基础性的杠杆作用。因而，中央民族大学招生工作始终牢牢树立“招生就是培养、招生为了培养、招生促进培养”的工作理念，紧紧围绕“服务于人才培养工作、不断提高生源适切度”这一核心使命，将招生工作置于学校人才培养工作的全局中进行审视与思考，促进招生工作与学校人才培养工作积极对接，更加直接、充分地服务于学校人才培养质量的持续提升。

与此同时，民族高校招生工作更充分立足于学校办学宗旨，将坚持服务于国家重大发展战略与民族团结进步事业，服务于民族地区经济、社会、文化发展贯穿于招生全过程，把立足学校建设和最大限度满足考生个人发展需求作为招生工作的出发点和落脚点，探索具有民族院校特色、满足民族地区需求的人才选拔道路。

二、招生工作的具体实践

（一）“深入调查，摸清底数”，科学制定招生原则和分省分专业计划

招生计划编制是招生工作的源头，是高等教育资源合理配置的基础，亦是影响高校自身生源质量和人才培养工作的关键因素。因而，学校在编制招生计划时，坚持广泛调研听取意见，对各种影响因素进行综合研判，以期能够实现招生人数、招生专业、地域特点的最优组合，从而实现生源质量的提高。在2017年招生计划制订中，主要开展了以下工作：(1) 组织召开学生座谈会，进行问卷调查。根据座谈和问卷调查反馈结果，及时对相应专业计划投放做出针对性调整；(2) 与各学院对话，了解院系实际生源需求，做到按需招生，切实提高培养针对性和匹配性；(3) 针对不同地域的生源构成、经济发展态势，优化招生专业和数量，实现高质量生源与地域社会发展的双向共赢；(4) 根据就业情况做出有针对性的调整。就业情况是一面“反光镜”，能够为科学制订招生计划提供重要参考。坚持以就业信息跟踪反馈机制做指引，根据市场需求和就业质量合理确定招生规模和各专业招生人数，及时调整专业结构与设置；实施专业预警机制，对于就业率低的专业给予警示，以此实现招生、就业的相互催化与共赢。

（二）“立足需求，多维入手”，科学构筑宣传网络

目前国内高校呈现“百舸争流”的局面，如何能在众多高校中脱颖而出，科学有效的宣传工作是重要手段。宣传工作要精准把握考生与家长的真实需求与心理接受特性，抓关键点及关键人，最大限度实现宣传效果。因而，学校招办在深入分析的基础上，积极转变工作思路，变传统的“宣传模式”为多样的“传播模式”，多领域、多渠道、多层次地传播民大声音、讲好民大故事。2017年，共赴17省区24座城市展开招生咨询服务；面向民族地区重点高中定点发放招生宣传资料24万份；根据新闻广播、报纸杂志及网络平台的不同特点，有针对性地配置宣传方案。通过全方位、全过程的信息公开、政策解答、深度咨询，让考生及时获得最新信息；通过有节奏、有策划的新闻报道，向社会展现一个全方位、立体化的中央民族大学，彰显了民大形象。

（三）“应对变化，主动部署”，大力推进按类招生

为应对国家招生考试制度改革变化，并进一步贯彻落实学校工作部署，2017 年学校全面铺开实施按学科大类招生。在 2008 年已开展的部分学院按类招生的基础上，学校 2017 年除经济学院的经济学类跨四个专业类和理学院光电信息科学与工程跨三个专业类外，其余普通文理科专业均按教育部《普通高等学校本科专业目录》设置的专业类招生。此次按类招生涉及 36 个专业，除艺体类和中国少数民族语言文学各专业外，基本实现按专业类招生。

（四）以办学宗旨和学校人才培养工作为中心，探索多元化招生录取新模式

为主动发掘和录取与学校人才培养目标紧密相连的各民族优秀学子，近些年陆续推出南方少数民族语自主测试、民族语零起点班、“民族语 + 应用性专业”“传统专业 + 国家战略方向”等招生模式。这些模式的推行，实现了招生与人才培养的无缝对接，满足了各专业对所需人才的素质、特质要求，不仅为学校立足“两个服务”实现办学宗旨提供了新路径，更对民族高校以满足学生全方位发展和国家对多样化人才需求为目标、推进人才培养模式改革起到了引领和示范作用。

三、招生工作的基本成效

（一）顺利完成招生计划，惠及民族地区与少数民族考生的政策得到具体落实

2017 年中央民族大学普通本预科面向全国实际招生 3103 人，其中本科 2829 人、本校预科 185 人、外校委培预科 89 人，招生人数基本与往年持平。为更好地体现学校办学宗旨、彰显学校办学特色，中央民族大学始终坚持将服务民族地区、服务少数民族学生成长成才作为指导招生工作的标尺，在目前学校整体招生规模稳定的现实条件下，竭尽所能对迫切需要智力支持的中西部民族地区给予最大限度的支持。经过努力，2017 年中央民族大学本预科生源中（不含委培预科），来自中西部[①]的学生有2299人，占学校招生总数的76.28%。

与此同时，预留计划全部用于顺延追加少数民族以及人口较少民族考生，投放区域涵盖广西、云南、贵州、新疆、西藏等西部10个省区，真正使西部地区少数民族考生受益。此外，尝试性地在河北、甘肃等省进行了计划拆分，部分计划放在提前批次专门用于面向少数民族考生招生，成效明显。

（二）少数民族比例整体略有提升，艺术类专业增幅明显；民族覆盖面广，生源多样性进一步提升

学校每年都针对在校生中人数占比较少的民族及早着手、提前部署，有计划地向相应省份投放人口较少民族预科计划，并在录取期间积极联系相关省级招办，最大限度地寻找人口较少民族优秀本科生源。以期能够在国家招生政策允许范围内，为更多身处教育资源极度匮乏地区的人口较少民族考生创造到中央民族大学接受高等教育的机会。

2017年录取新生中，少数民族1578人，民族比例为52.36%，较之往年略有提升。民族种类较为齐全，民族成分达47个。除一些人口较多的民族之外，还涵盖了布朗族、阿昌族、普米族、塔吉克族、保安族、鄂伦春族、门巴族等人口较少民族的大部分，作为综合性大学典型特征的生源多样性进一步提升。

同时，为充分发挥学校艺术类学科专业优势，从艺术类本科招生"入口"处深化学校特色办学理念，创新和拓展艺术类招生培养模式，为民族地区培养创新精神和业务能力突出的、符合民族地区文化事业发展需要的艺术精英人才，中央民族大学2016年起在舞蹈表演和音乐表演专业特别设立了民族英才班，影响广泛、收效明显。2017年舞蹈表演、音乐表演（民族英才班）继续招生，报考人数较之去年增加明显。自从2016年艺术类民族英才班设立，最显而易见的效果是对艺术类专业少数民族比例的拉动，2017年比2015年提高了7个多百分点。民族成分亦更加多元，2017年舞蹈表演（民族英才班）新生中覆盖10个少数民族，音乐表演（民族英才班）覆盖8个少数民族。这极大地改善了艺术类专业少数民族比例长

---

① 东部地区包括北京、天津、河北、辽宁、上海、江苏、浙江、福建、山东、广东和海南11个省市；中部地区包括山西、吉林、黑龙江、安徽、江西、河南、湖北、湖南8个省；西部地区包括重庆、四川、贵州、云南、西藏、陕西、甘肃、青海、宁夏、新疆、广西、内蒙古12个省市自治区。

期较低的局面，民族英才班效果显现。

2015—2017年艺术类少数民族比例统计图

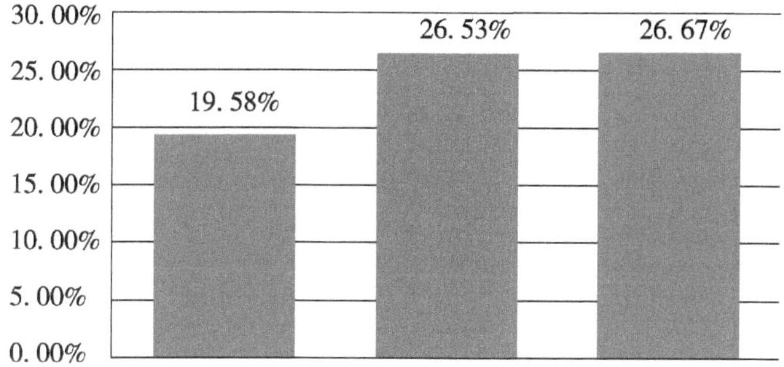

（三）生源质量出色，绝大部分考生分数均处于当地生源较前端

一流的大学要有一流的本科生，这是全世界一流大学的共识。优秀的生源质量，能够给予大学人才培养较高的起点，对高等教育目标的实现起到助推作用。尽管分数并非生源质量的唯一衡量标准，但在我国当前主体录取模式下，录取分数可被视为检视生源质量的最核心因素。同时，其在某种程度上亦是高校社会影响力的数字化反映，是社会对学校办学水平认可程度的晴雨表。从录取情况看，中央民族大学在全国范围内属较为热门院校，录取绝大部分考生分数均处于当地生源的较前端，录取分数在往年基础上继续走高：

（1）在31个省（自治区、直辖市）中，文史类最低录取分超重点线50分以上的省份达28个（2016年23个），理工类最低录取分高出重点线50分以上的29个（2016年28个），增幅创历史新高。其中文史类在重点线80分以上的省份达到11个；理工类在重点线80分以上的省份达到20个，100分以上的达到10个，均为近年最高水平。

（2）文史类中有27个省份、理工类中有24个省份的录取分差均在去年大幅攀升的基础上再创新高。其中文史类27个省份中有14个省份、理工类24个省份中有14个省份的分数差是在去年基础上增长了10分以上。

（3）通过部分教育考试院公布的数据，我们分别选取了华东、华中、华北、西北、西南、东北六个区域的代表省份，对学校在各省录取的院校排名进行了统计，分析发现：我校在上述各省的文史类排名基本上处于30～40名的位置，理工类排名基本上处于50～70名的位置。

中央民族大学 2017 年部分省份一批本科录取排名情况

省份	文史类		理工类	
	招生高校数	我校排名	招生高校数	我校排名
北京	121	31	191	57
黑龙江	175	35	276	73
山东	911	32	1185	54
云南	151	35	185	47
宁夏	131	31	238	63
湖南	204	44	287	70

分析原因有二：一是平行志愿投档模式的大面积实施，学生增加了更多投档机会，从而进一步激发了其填报积极性，推升了学校分数的上涨；二是学校多年历史发展过程中累积的“有诸内必形于外”的辐射力与招徕力，尤其是“211 工程”“985 工程”建设过程中积淀下来的社会影响力所致。

（四）按大类招生成效初显，专业志愿满足率进一步提升

按大类招生模式的实施，带来的可见的积极作用概括有三：一是能够较为有效地应对目前招生考试制度试点改革带来的新挑战，确保我校生源质量的稳定和优化；二是能够提升学生的专业志愿满足率，并增加学生未来专业选择的余地，吸引更多优质生源报考，2017 年我校专业志愿满足率达到 95.36%；三是有利于学校内部各专业之间破除壁垒，改善专业孤岛化现象，进一步推进学科资源的整合与协同育人的实施。

按专业大类招生和扩大专业“类”的范围也是今后学校招生工作的重点与难点，其科学性与有效性还有赖于更充足的教育资源、相对齐全的学科、高质量的基础课和通识课以及灵活有效的教学管理制度。

四、招生工作中亟待破解的难题

（一）现有政策及录取机制下，少数民族比例提升难

努力提高在校生源少数民族比例是中央民族大学一直以来招生工作的重点。目前学校招生层面的具体举措，简而概之，归纳有五：一是分省计

划重点向民族地区倾斜；二是宣传区域以民族地区为主体；三是追加计划全部用于少数民族及人口较少民族；四是部分省份试点将汉族与少数民族计划拆分；五是艺术类招生专设民族英才班。每一个可能提升民族比例的环节与手段都在积极尝试。但是从结果显现上看，很难有更高程度的突破。而且，在实际操作层面，追加计划用于顺延录取少数民族考生以及拆分计划的做法都颇为受限。前一措施由于平行志愿的实施，很多省级招办难以或者不愿单独为一所学校专门设定投档规则；后一做法则在一定程度上以牺牲生源质量为代价。于此，我们认为，对于少数民族比例的追求，不仅要在数字化指标上有所显现，亦应将其逐步落实为对民族地区尤其是包括汉族考生在内的边远贫困民族地区的整体性倾斜以及在培养环节中的特色体现与传承。

（二）平行志愿模式下，特殊招生模式实施难

近些年，学校陆续推出了系列特殊类型招生模式，具体模式前文已有所论及。这些模式能够带来的积极效应历经几年招生实践已得到充分证明。其在满足对于生源适切性与公平性的双重追求、实现生源多样化素质与学校不同专业定位的接合与匹配、为人才培养工作的实施提供生源保障等方面效果突出。

但是这些特殊招生模式对生源都有着特殊要求，或是要求有民族语基础，或是要求必须在专业填报志愿中显现。而在平行志愿大行其道的今天，要想实现这种要求，就必须单独测算比例、单独投档，这在某些省份运行起来则并非易事。随着学校人才培养改革的进一步深化，相信会有更多的特殊类型招生模式出台，而特殊类型招生模式如何在平行志愿投档模式下得到实现，成为今后仍须不断思考和摸索的问题。

五、结　语

（一）按照国家统筹推进建设世界一流大学的新要求，站在新的高度谋划招生工作

一流本科教育是一流大学的底色，而一流的本科生源能够为一流本科教育的实现提供“源头活水”。我们必须密切关注高等教育改革和发展的新常态，积极谋划落实国家统筹推进世界一流大学建设对人才选拔工作提出的新要求，切实以学校办学宗旨与人才培养目标为中心，在现有体制内

积极探索创新科学高效的招生选拔机制，使之切实成为提高人才培养质量的“保障阀”和“助推器”。

（二）积极应对考试招生制度改革，确保生源质量的稳定与优化

《关于深化考试招生制度改革的实施意见》公布实施后，以浙江、上海为起点，各省相继启动高考综合改革，这是全国性招生变革的开始，同时也对高校招生工作提出了全新的要求。我校2017年在浙江、上海招生工作已取得阶段性的成果，我们应当积极以浙江、上海经验为参考，积极主动推进改革，以适应未来考试招生制度改革带来的新挑战，确保我校生源质量的稳定和优化，促进我校人才培养质量的整体持续提升。

“汝果欲学诗，功夫在诗外。”高校生源质量的持续提升，有赖于三个维度的保障：学校的社会影响力与核心竞争力是根本；人才培养模式的改革与创新是动力；科学、高效的招生选拔机制是助推。人才培养模式的改革创新从形式上外化于招生工作本身，但就内在逻辑而言，却是招生工作改革与生源质量提升的发动机。人才培养模式的创新以及人才培养目标的明确，才能够生产出行之有效的招录机制，才能够形成合力共同推进学校办学宗旨的实现。

参考文献

[1] 徐明等：《高等学校招生工作责任制及责任追究办法与普通高等学校学生管理规定实施手册》，学苑音像出版社，2005年版。

[2] 郑庆华、王珩波：《普通高校分省招生计划编制方案研究》，载《中国高教研究》2012年第2期。

[3] 虞国庆：《加强招生计划管理优化高等教育结构》，载《教育学术月刊》2014年第6期。

[4] 余永玲：《高校招生多元评价体系探究》，载《天津师范大学学报》（社会科学版）2012年第1期。

[5] 彭园琛、伍林：《高校招生机制对卓越人才培养的影响及其创新》，载《创新与创业教育》2014年第4期。

（作者单位：招生就业工作处）

论民族高校健康教育的重要性[①]

——基于中央民族大学2013—2015年结核发病情况分析

李淑英

高校健康教育是学校教育的重要组成部分，是维护学校稳定的重要措施，是提高学生素质的重要途径，是提高国民素质的基础。加强高校大学生健康教育对于高校推进素质教育，促进大学生全面发展，培养身心健康的合格人才具有重要意义。

中央民族大学是中国少数民族高等教育的最高学府。学校中有56个民族的师生，少数民族师生占很大的比例，70%以上的学生来自中西部地区，结核病防治工作情况复杂，工作难度较大。多年来，在北京市卫计委和北京市教委的领导和大力支持下，我校在结核病防控方面做了大量的工作，也取得了一定的成效。本文根据我校2013—2015年结核发病实际情况进行的结核病预防宣教及肺结核/疑似肺结核患者的管理实践来探讨健康教育在民族高校的重要性。

一、2013—2015年结核发病基本情况

中央民族大学2013—2015年在校的本科及预科学生共计18531名。其中，男生5925名，女生12606名；本科生15849名，预科生2682名。基本情况如下：

① 中央民族大学2016年度青年教师短期科研项目（NO. 2016KYQN38）。

（一）肺结核的发病率统计

表1　中央民族大学 2013—2015 年肺结核患者的发病率

年度	总人数	活动性肺结核		涂阳肺结核	
		病人数	发病率（‰）	病人数	发病率（‰）
2013	12338	18	1. 46	3	0. 24
2014	12355	36	2. 91	4	0. 32
2015	12390	19	1. 53	2	0. 16
合计	37083	73	1. 97	9	0. 24

活动性肺结核发病率 $P<0.05$；涂阳肺结核发病率 $P>0.05$。

表1显示，2013—2015 年登记报告患有活动性肺结核的共计 73 人，总发病率为 1. 97‰。其中，涂阳肺结核患者 9 人，发病率为 0. 24‰。2013 年和 2015 年本科及预科学生中活动性肺结核患者的发病率大致持平，2014 年发病率略高于上述两年。三年间涂阳肺结核患者的发病率的差异没有统计学意义。

（二）患病学生的性别分布

表2　2013—2015 年不同性别肺结核患者发病情况

年度	男性患者		女性患者	
	例数	构成比（%）	例数	构成比（%）
2013	10	55. 56	8	44. 44
2014	22	61. 11	14	38. 89
2015	10	52. 63	9	47. 37
合计	42	57. 53	31	42. 47

2013—2015 年所发现的结核患者中，男性有 42 人，所占比例为 57. 53%；女性有 31 人，所占比例为 42. 47%；男女性别比为 1. 35 : 1，男性略多于女性。各年度所发现的患者性别分布情况具体参见表2。

（三）公寓分布

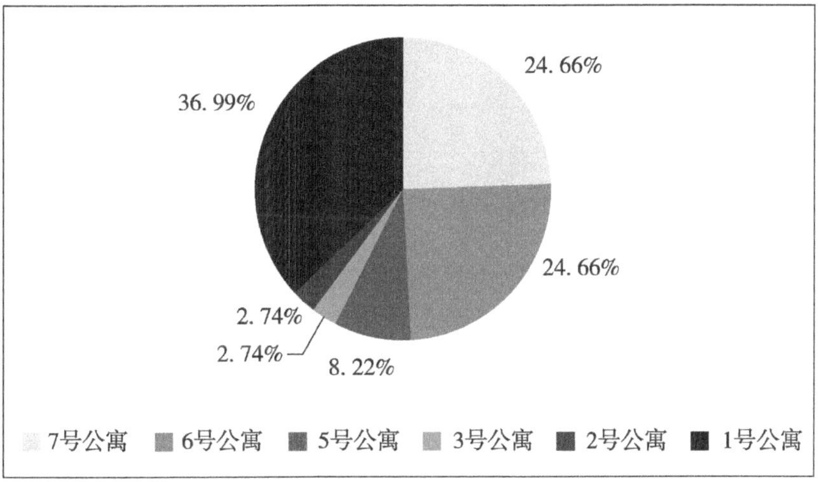

图1 2013—2015年肺结核患者的公寓分布情况

从图1可以看出，2013—2015年发现的结核患者主要集中在1号公寓、6号公寓和7号公寓，这三所公寓发现的结核患者比例高达86.31%。具体而言，1号公寓比例最高，占比36.99%；6号公寓和7号公寓比例相等，均占比24.66%；接下来是5号公寓，比例为8.22%；2号公寓和3号公寓所占比例最少，两者均为2.74%。

（四）肺结核患者的院系分布

表3 2013—2015年不同院系肺结核患者发病情况

院系	患者数（人）	构成比（%）
信息工程学院	9	12.33
文学与新闻传播学院	7	9.59
藏学研究院	6	8.22
舞蹈学院	5	6.85
外国语学院	4	5.48
生命与环境科学学院	4	5.48
蒙古语言文学系	4	5.48

续表

院系	患者数（人）	构成比（%）
理学院	4	5.48
经济学院	4	5.48
哈萨克语言文学系	4	5.48
管理学院	4	5.48
预科教育学院	3	4.11
音乐学院	2	2.74
维吾尔语言文学系	2	2.74
少数民族语言文学系	2	2.74
美术学院	2	2.74
朝鲜语言文学系	2	2.74
哲学与宗教学学院	1	1.37
体育学院	1	1.37
民族学与社会学学院	1	1.37
历史文化学院	1	1.37
法学院	1	1.37
合计	73	100.00

对2013—2015年不同院系肺结核学生统计发现，患病学生所涉及的院系高达22个，几乎涵盖了我校所有设有本科教学点的院系。其中，患病学生数量位居前三位的院系依次为信息工程学院、文学与新闻传播学院、藏学研究院，构成比分别为12.33%、9.59%、8.22%。患病学生数量最低的院系为哲学与宗教学学院、体育学院、民族学与社会学学院、历史文化学院、法学院，构成比均为1.37%。

（五）肺结核患者的民族分布

表4 2013—2015年肺结核患者的民族分布情况

民族	患者数（人）	构成比（%）
汉族	26	35.62
藏族	16	21.92

续表

民族	患者数（人）	构成比（%）
维吾尔族	6	8.22
蒙古族	5	6.85
哈萨克族	5	6.85
满族	3	4.11
壮族	2	2.74
彝族	2	2.74
土家族	2	2.74
回族	2	2.74
朝鲜族	2	2.74
苗族	1	1.37
独龙族	1	1.37
合计	73	100.00

表4显示，2013—2015年登记发现的肺结核患者集中在汉族、藏族、维吾尔族、蒙古族、哈萨克族等十三个民族。其中，35.62%登记发现的结核患者为汉族，位列第一位；21.92%登记发现的结核患者为藏族，位列第二位。汉族和藏族学生合占所有结核患者数量的一半以上。维吾尔族、蒙古族、哈萨克族等十一个民族的结核患者所占比例均为10%以下。

（六）肺结核患者的年级分布

表5 2013—2015年肺结核患者的年级分布情况

年级	患者数（人）	构成比（%）
预科	3	4.11
大一	31	42.47
大二	13	17.81
大三	21	28.77
大四	5	6.85
合计	73	100.00

对 2013—2015 年全校本科及预科肺结核患者的年级统计发现，大一学生所占比例最多，为 42.47%；其次为大三学生，所占比例为 28.77%；大二、大四学生数量分别位居第三、第四位；发病学生数量最少的为预科，仅占 4.11%。

（七）肺结核的类型

表 6　2013—2015 年不同类型肺结核发病情况

类型	患者数（人）	构成比（%）
涂阳	8	10.96
菌阴	49	67.12
结核性胸膜炎	15	20.55
涂阳合并结核性胸膜炎	1	1.37
合计	73	100.00

2013—2015 年登记发现的肺结核学生中，超 60% 的学生为菌阴肺结核。我校学生比较常见的类型为结核性胸膜炎，所占的比例为 20.55%。涂阳肺结核的学生比例为 10.96%，虽然比例不算很高，但因其有很强的传染性，这部分学生为最主要的传染源，不可小觑。另外，三年间我校还发生了一例涂阳合并结核性胸膜炎的病例。

（八）肺结核发病时间的分布

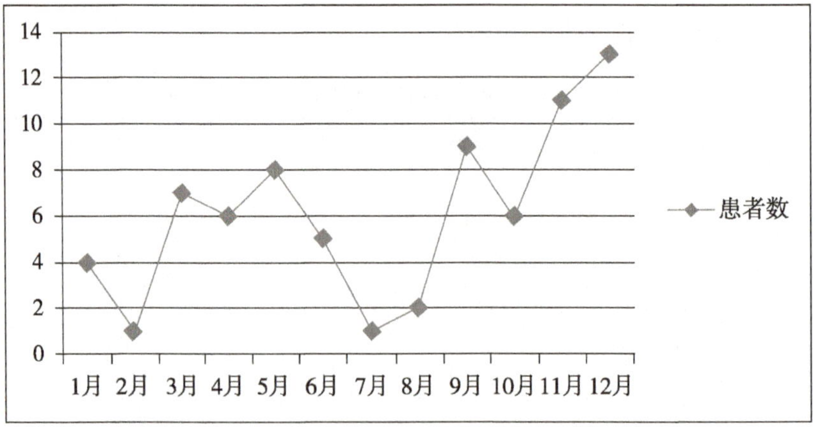

图 2　2013—2015 年不同月份肺结核发病月份统计

从2013—2015年我校本科及预科学生肺结核发病月份来看，2月发病人数较低，3月至5月发病人数达到了全年的第一个高峰，到了7月、8月发病人数急剧降低，9月之后发病人数迅速增加，达到了全年的第二个高峰，10月份人数略微降低，尔后人数继续增加达到全年发病的最高峰。

二、结核发病情况的结果分析

2013—2015年我校本科及预科学生结核的发病率为1.97‰，类型以菌阴肺结核为主。

（1）从结核患者的性别来看，相对于学校男生与女生约1∶2的比例，男性患者要多于女性。已有研究显示，性别是疾病流行中的重要影响因素，结核病的流行同样也存在这种性别差异，造成这一差异的原因可能由生物和社会学因素共同作用。

（2）从结核患者的公寓分布来看，1号、6号和7号这三所公寓所发现的结核患者比例高达86.31%，1号公寓是一幢高层建筑，居住的全部是女生，人员密度大，通风条件相对较差。6号和7号均为男生公寓。这三所公寓结核高发的原因值得进一步探究。

（3）从结核患者的院系分布来看，信息工程学院、文学与新闻传播学院、藏学研究院三个学院的结核患者构成比相对较多。从民族分布来看，我校学生结核患者中汉族、藏族、维吾尔族、蒙古族、哈萨克族构成比较多。提示以上人群应列为我校结核防控的重点关注对象。

（4）不同年级的学生结核的发病情况也不尽相同，大一新生发病人数较多，预科学生发病人数较少。大学新生是一个特殊的群体，正处于特殊的青春发育阶段，免疫功能尚不健全，抵御传染病的能力较弱，是多种传染病的好发年龄。进入大学后学习和居住的环境较为集中，人员流动性大，接触面广，再加上学生来自全国各地，对结核病的易感程度不尽相同。一旦学校出现传染源，如果不能及时发现并给予合理处置极易发生结核菌传播，造成患者密切接触者的传染及发病，产生严重后果。

（5）从发病时间来看，2月、7月、8月一般为学校的寒暑假时间，此时发病人数相对较少。9月开学时都会针对新生开展健康体检，由此筛查出新生中潜在的结核病患者，发病人数达到了全年的一个高峰。到了11月、12月因天气寒冷、雾霾等原因开窗通风次数明显减少，再加上学校大二、大三学生体检筛查出一定数量的结核患者，发病人数逐渐达到了全年的最高峰。

三、结核病防控的具体措施

（一）加强制度建设和传染病防控责任体系建设，确保结核防控工作顺利进行

学校已制定了《中央民族大学结核病控制工作规范》《中央民族大学肺结核疫情处置预案》等，将结核病防控工作纳入了年度卫生防病工作计划；成立了预防结核病领导小组；建立了校长、校医、学院三级负责的传染病防控责任体系。领导小组对各项工作以及各项管理制度及时监督落实。校医院配有专职人员负责学生的结核管理工作，切实做到对结核病能够“早发现、早报告、早隔离、早治疗、早处置”的原则。

（二）重视学生健康体检工作，及时发现、报告和处理，防止传染病传播蔓延

把好入学体检关，做好结核病筛查工作，及时发现病人，防止结核病在高校中流行是学校保健工作不容忽视的重点。学校每年都会对预科及本科新入学的学生开展结核病筛查工作，包括肺结核可疑症状筛查、PPD 筛查、X 线胸片检查。因预科生在校时间较短（通常为一至两年），所以预科生仅在刚入校时经历一次包括胸片在内的详尽的体格检查。针对新生 PPD 筛查以及患者密切接触者 PPD 筛查出的结核菌素试验强阳性的学生应加强随访观察，劝说在自愿的情况下预防性服药，以降低发病的风险。

每年的体检工作是主动发现学生中潜在传染源的重要途径，通过体检可以及时掌握学生的健康状况。对大二、大三本科生进行 X 片胸片检查，毕业时再进行一次 X 片胸片检查。事实证明这一举措是行之有效的，无论是新生入学体检还是大二、大三乃至大四毕业生体检，都可以检出无症状者或有症状的可疑结核患者。体检可以从被动发现结核传染源变为主动、及时地发现潜在的传染源。例如：2015 年确诊的肺结核患者中约 50% 是通过本校体检途径发现的，而且相当部分学生是在结核发病早期被发现的；发现时没有不适症状，说明该病的隐匿性极高。

（三）完善结核防控的联防联控机制，加强因病缺勤病因追查登记和结核患者密切接触者筛查工作

建立学校、校医院、院系之间的联防联控机制，加强三者之间的协调

和沟通，确保各司其职，信息顺畅。院系辅导员要关注学生的日常考勤，对于因病缺勤的学生应及时了解其病情，并及时向校医院反映沟通。校医院在预防和控制结核病在校园内传播方面发挥着重要的作用，若怀疑为肺结核时校医院会及时将其转诊到结防机构进行进一步的诊治。

切实做好结核患者密切接触者筛查。当学生被确诊为结核，尤其是涂阳的肺结核后，校医院会同相关院系老师、后勤公寓管理部等部门及海淀区结核病防治所共同确定需要密切接触者筛查的名单。之后按照《北京市结核病防治工作规范（2013版）》（简称《规范》）的相关要求开展筛查工作，控制疫情蔓延。同时做好学生的心理引导及情绪疏导工作，保证校园安全稳定。

（四）加强对患者实行休复学和督导治疗管理

一旦发现肺结核/疑似肺结核病人，校医院保健科会第一时间将其隔离至校医院，随即转诊到北京市结核病防治所或北京老年医院进行进一步的确诊。与此同时，会通知后勤管理处及相关院系。后勤管理处会对患者宿舍严格消毒。学校严格按照《规范》的要求对患者实行休复学和督导治疗管理。为需要休学的学生办理休学手续，令其回原籍进行规范化治疗，康复后需持结核病定点医疗机构出具的可以复学的诊断证明书方可复学。对于不需要休学的学生结核病患者需做好监化工作，督导患者按时服药，并定期到结核病防治机构复查。

（五）预防为主，重视人员密集区域的开窗通风工作

目前，学校学生宿舍人员密度大，每间宿舍住4～8人不等，1号公寓更是集中了全校大多数的女生。到了冬季，宿舍里开窗通风时间明显减少，没有养成良好的开窗通风的习惯，给包括结核在内的呼吸道传染病提供了可乘之机。另外，学校教学楼、图书馆、宿舍等区域人员密集，相互间接触机会多，且这些区域多安装有空调，空调房间冬暖夏凉，温度舒适，但空气密闭，流通性差，是包括肺结核在内的传染病多发的场所。一旦有传染源，尤其是涂阳的肺结核患者，极易在学校中发生聚集性结核病疫情。经常开窗通风这一举措既简单又可有效地保持室内空气新鲜，防止肺结核的传播。

四、健康教育的实践与思考

（一）健康教育课程的开设

世界上很多国家已将健康教育纳入学校教学计划，美国是学校健康教育课起步较早的国家，目前美国有 200 多所大学设立了健康教育专业。我国健康教育课起步较晚，1990 年教育部、卫生部联合颁布了《学校卫生工作条例》，首次将健康教育以法规的形式纳入学校教学计划，明确规定了在普通高等学校开设建设教育课或讲座。中央民族大学已将结核防治健康教育纳入了本科教学计划，特别是新生入学教育计划。包括传染病专题教育在内的健康教育课已列入本科生跨专业选修课。

（二）全方位、多形式的健康教育宣传

加大对学校教师及学生的结核病防治核心知识宣传力度，尤其是针对容易发生结核的重点高危人群做好宣教工作，普及结核病防治基本知识、规范治疗的重要性、国家免费政策、随访复查等方面的内容。要改变以往的惯性思维，不断创新宣传思路，充分利用广播、网站、微信、微博、宣传橱窗、播放影像制品、健康讲座等多种形式，广泛宣传结核防治的核心知识。

要做好因结核休学学生的思想工作，使其不要有思想负担。有些患病学生在外地诊断为肺结核后，担心休学影响学业，或者害怕遭到歧视，故而刻意隐瞒病情，待发现时已造成了结核病的播散。这些都是学校结核防控潜在的风险因素。要重点宣传和强调结核病是可以治愈的，接受规范化治疗是能否治愈的关键。

（三）增强师生对健康教育重要性的认识

以往对学生的健康教育工作关注较多，对教师这一群体的宣教工作较为薄弱，部分师生对结核病防治认识不足或隐瞒病情，认为现在经济水平提高了，结核病离我们很遥远，对结核病的核心知识了解较少。有的学生身体不适，咳嗽、咳痰超过了两周，误以为是感冒，没有及时去医院就诊，以至于延误了病情。有些教师对肺结核的危害认识不足，虽然知晓学生罹患结核，但没有和校医及时沟通，也没有及时隔离患者，这样给校园结核病防控造成了很大的隐患。今后，要进一步增强师生对健康教育重要

性的认识，提高广大师生结核防治知识的知晓率，无病防病，有病及早就医，最终使校园内形成共同参与结核防治的良好局面。

（四）以人为本，积极探索实施学分制

学校严格按照《规范》的要求，对患者实行休复学。目前，国内高校实行的大都是学年学分制而不是真正意义上的学分制；同时，为适应国家招生考试制度改革，学校开始实行大类招生和探索多元招生模式；另外，有些专业实行隔年招生或隔三四年才再次招生，如藏学研究院汉藏翻译专业和藏语零起点专业为隔年招生，遇有确诊结核需要休学的学生在休学一年身体康复复学时面临下一年没有本专业的局面。建议学校在条件成熟的基础上，积极探索实施真正意义的学分制和弹性学制。

参考文献

[1] 中华人民共和国卫生部：《WS288－2008 肺结核诊断标准》，人民卫生出版社 2008 年版。

[2] 徐飚、修燕：《结核病与性别》，载《中华结核和呼吸杂志》2002 年第 10 期。

[3] 任玉宽、张凤梅、戴瑞美：《高校学生健康教育课构建与实施策略研究》，载《现代预防医学》2008 年第 9 期。

[4] 陈京萍：《论高校健康教育的重要性》，载《中国中医药现代远程教育》2011 年第 2 期。

（作者单位：校医院）

浅谈如何通过建设智能 DNS 提升网络管理服务水平

席 琳

一、建设背景

DNS①（Domain Name System，域名系统）作为因特网上域名和 IP 地址相互映射的一个分布式数据库，能够使用户更方便地访问互联网，而不用去记住能够被机器直接读取的 IP 数串。通过主机名，最终得到该主机名对应的 IP 地址的过程叫作域名解析（或主机名解析），全球数亿网络用户都是基于这一服务实现了通过记忆简单的域名来访问复杂的 IP 地址。

早期各类网站系统的域名解析服务基本由运营商直接代为管理，但随着业务系统及网站的爆炸式增长，需要解析的记录呈指数级增长并且解析需要更加精细化，域名解析服务逐步由各域名所有者自己提供。域名管理者通过各类 Windows 或 LINUX 服务器开始搭建形成自己内部的分级的域名管理体系，网络运营商和域名运营商只负责将该域名的解析权指向用户的 DNS 服务器。

遵循传统的 DNS 搭建方案，我校早期的 DNS 系统基于 Bind 搭建，但是随着信息技术的快速发展，网络应用日趋复杂，出口链路多元化，用户对网络响应速度、稳定性和安全性的要求也越来越高，传统域名解析的弊端日益显露：性能不足，可靠性差；整个运行状态缺少监控；配置复杂，对管理人员要求较高，一旦出错，后果严重；安全性没有保障，非常容易遭受攻击，并且不容易追踪②；多出口带来的 DNS 指向问题；出口链路使

---

① Mockapetris P. *Domain names*：*Concepts and facilities* ［S］. RFC 1034，1987. Mockapetris P. *Domain names*：*Implementation and specification* ［S］. RFC 1035，1987.

② 王垚、胡铭曾、云晓春、李斌、闫伯儒：《DNS 权威名字服务器性能与安全性的研究》，载《通信学报》2006 年第 2 期，第 148 页。THURROTT P. *Microsoft suffers another DoS attack* ［EB/OL］. http：//www. winnetmag. com/ Windows Security/ Article/ Article ID/19770/Windows Security 19770. html，2001.

用不均匀；网络流量检测和控制不能实现等。这对高校现有域名资源管理提出了巨大的挑战。针对这些问题，我们对智能域名解析展开研究和调查①，结合我校的具体业务需求，我们采用了中网 ZDNS T 网络产品，并制定了适合我校的部署和配置方案。

二、建设过程

我们使用两台 ZDNS－T 7100 采用 ZDNS 主从模式进行部署，其中一台作为 Master 管理节点，另外一台作为 Slave 服务节点，两台设备统一由 Master 进行管理，同时对外提供服务，两台设备通过 Failover 对 DHCP 业务进行负载分担和备份冗余，如图 1。这样做的优点是：两台设备同时对外提供服务，资源利用度高；DNS 和 DHCP 负载均可由两台设备平均分担和冗余；集中管理，方便日常使用维护；以后多校区情况下可通过 Failover 实现 DHCP 服务跨三层冗余。

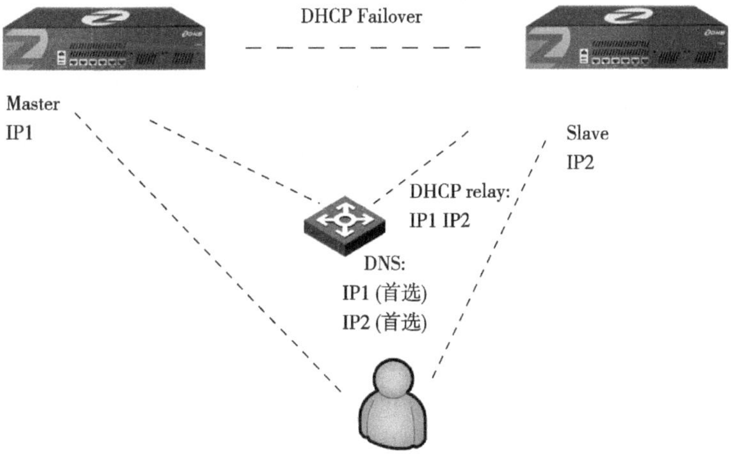

图 1　DNS 部署图

① Cohen E, Kaplan H. *Proactive caching of DNS records: Addressing a performance bottleneck* [C] //Proc Symposium on Applications and the Internet (SAINT 2001). San Diego, CA, 2001. 曹锐、吴建平、徐明伟：《快速域名解析系统性能分析》，载《清华大学学报》（自然科学版）2009 年第 11 期。章翔飞：《智能域名解析系统在校内资源访问中的应用》，江苏科技大学硕士学位论文，2014 年，第 39 页。刘晓楠：《DNS 采集软件设计与实现》，北京邮电大学硕士学位论文，2015 年，第 3 页。

校园网用户访问的资源可分为教育网资源和非教育网资源。在我校的智能 DNS 系统中，访问教育网资源的用户直接配置走教育网链路，避免出现教育网用户绕其他链路访问耗时和额外计费的问题。

通过 ZDNS 系统的智能调度功能将流量分配到多个服务器而提高服务器的资源利用率，并且可以将客户的访问请求定向到响应速度最快的服务器上，也可以对服务器进行最佳配置以处理特定类型的请求，这样可以降低服务器成本，提高站点的性能，如图 2。

图 2　配置策略界面

通过与网络出口管理系统联动、智能流量调度功能，可实现联通、电信等多条链路的智能解析，将网内用户引向相应的 Cache 节点或网络出口，从而可有效对流量进行引导调度，提高本地化率，避免跨运营商网络访问导致的访问速率慢，提高用户体验，同时大大提高运营商出口的带宽利用率，节省成本与投资。

网络流量监测与控制具有诸多的意义和价值。在没有流量监测的情况下，对付流量过大的最简单方法是扩容，对频度过高的异常解析请求只能依赖于防火墙的拦截，在我们搭建的智能 DNS 系统中通过设置阈值并在出口做限制就可以有效地解决这些问题，如图 3。

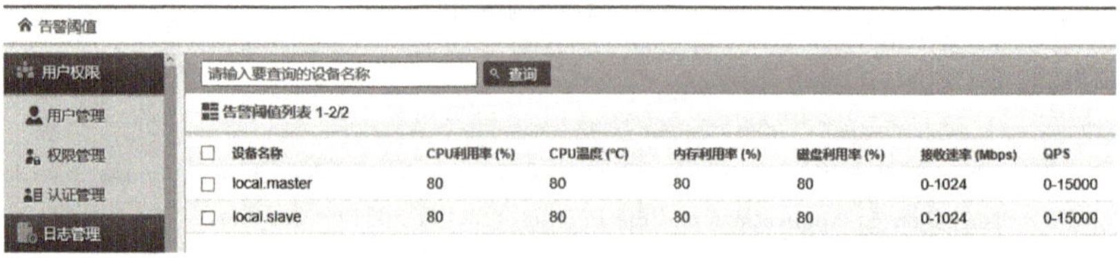

图 3　告警阈值界面

三、建设成效

通过 24 小时实时流量监控和设置报警阈值，可以随时掌握网络情况，有效避免针对 DNS 的攻击。此外，通过域名排行和 IP 排行以及系统保存的详细日志记录，我们可以追踪访问频繁的网站和个人 IP，及时发现恶意网站和有破坏倾向或者被病毒利用的个人电脑，如图 4。

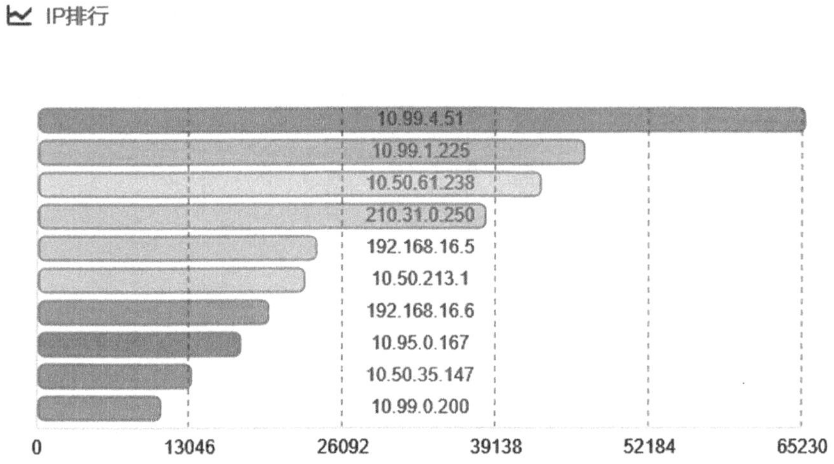

图 4　个人 IP 排行图

网络是把双刃剑，一方面丰富的网络教育资源给高校学生学习和生活带来了便利；另一方面丰富的娱乐资源也导致了学生过度沉溺网络的问题。我们可以通过对某些娱乐或者游戏网站做拦截来杜绝学生沉迷其中。

在大数据时代，数据是宝贵的资源，充分挖掘和利用教育数据中蕴含的信息，有助于改善教育活动。网络环境是教育环境的重要组成部分，通过上网行为分析和教育数据挖掘，可以为制定合理、有效的网络管理策略提供决策支持服务①，让网络真正成为学生学习的良好辅助工具。

通过对 DNS 数据的分析和挖掘，我们可以得到 DNS 日、周、月的活跃度分布情况，基于此可以推断师生的作息规律、生活习惯、知识偏好以

① 李婷、傅钢善：《国内外教育数据挖掘研究现状及趋势分析》，载《现代教育技术》2010 年第 10 期，Bousbia，N. &Belamri：Which Contribution Does EDM Provide to Computer – Based Learning Environments. Educational Data Mining，2014：15. 周庆、牟超、杨丹：《教育数据挖掘研究进展综述》，载《软件学报》2015 年第 11 期。

及信息获得途径。

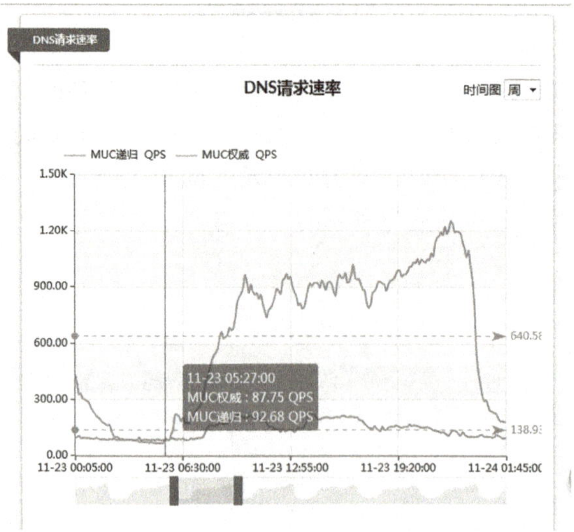

图 5　DNS 日活跃度分布情况

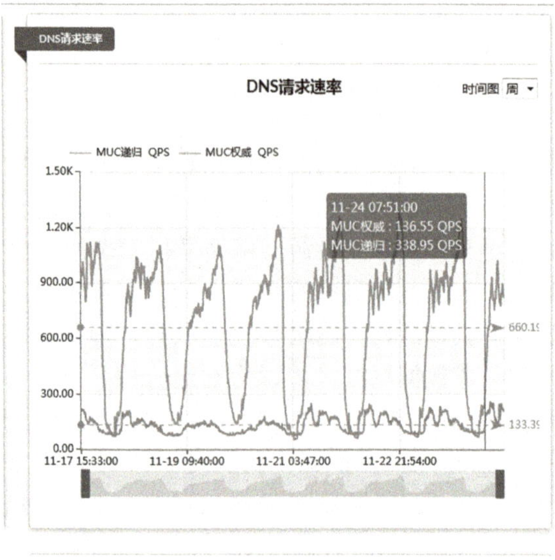

图 6　DNS 周活跃度分布情况

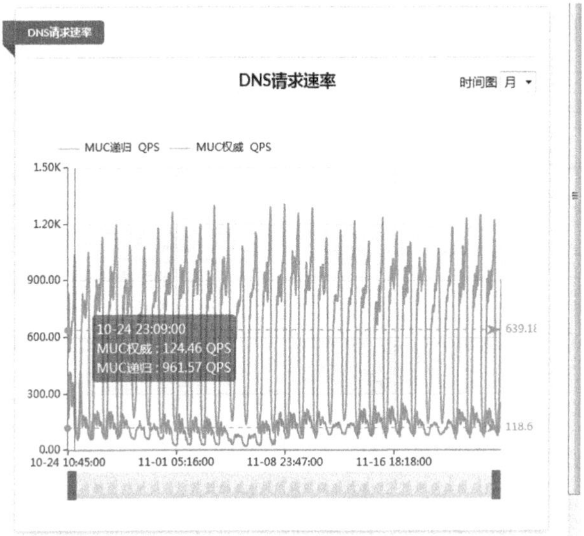

图 7　DNS 月活跃度分布情况

如图 5、图 6、图 7 所示，师生接入校园网的活跃程度波动非常大：23 点至次月早上六点是上网频率最低的时间；从早上 6 点起上网行为逐渐活跃，到上午 10 点达到一天当中的第一个高峰；中午 11 点略有回落，从 13 点开始回升，到下午 14 点达到一天当中的第二个高峰；17 点之后上网人数开始下降，从 18 点上网活跃度开始上升，23 点达到一天当中的第三个高峰。从中可以看出，师生日常生活的作息时间在一定程度上影响着师生使用互联网的时间，互联网的使用也改变了师生的作息时间和生活习惯，大家普遍在网络上花费了更多的时间，休息时间上网的人比较多，晚睡的情况也比较突出。所以除了提醒学生合理使用网络，健康作息，我们也会对高峰期网络配置策略进行调整。

排名	域名	查询累计
1	xizang.news.cn	1693407
2	tibet.people.com.cn	1627966
3	tibet.cpc.people.com.cn	1624546
4	www.qogluk.com	1475147
5	teredo.ipv6.microsoft.com	1421040
6	uy.ts.cn	1337838
7	uyghur.xjkunlun.gov.cn	1162050
8	tb.chinatibetnews.com	988706
9	www.baidu.com	928029
10	graph.facebook.com	862477

图 8　域名 TOP10

通过分析挖掘解析 top 值可以看出，上午学生一般有课，教工的上网行为占主导，如图 8。教师的浏览内容偏向于新闻类，并且偏向于各地方的门户网，如图 9。

图 9　浏览内容

而对其他时间段的 top 值分析，绝大部分解析集中于搜索引擎和各大门户网站及社交应用软件，如图 10。可见，学生获取信息的途径已从传统的方式更多地转向网络这种便捷的途径。当高峰时段视频类占用带宽资源比较多的应用解析频繁时，我们可以针对某些网站采取限制措施，保障网络资源合理公平的使用。

! 统计请求从 2016-11-17 至 1小时前，每个小时更新一次。

排名	域名	查询累计
1	teredo.ipv6.microsoft.com	76639350
2	dns.msftncsi.com	61152050
3	ncline.vacc.baofeng.net	54642479
4	www.baidu.com	42527299
5	graph.facebook.com	41003543
6	uy.ts.cn	40732570
7	clock.redhat.com	30111365
8	clock.cuhk.edu.hk	29179798
9	api.weibo.cn	26771622
10	dns.cun.edu.cn	23092364
11	www.msftncsi.com	21017789
12	www.sina.com	20723727
13	ww2.sinaimg.cn	20714626
14	ww3.sinaimg.cn	20609245
15	ww4.sinaimg.cn	20607334
16	ww1.sinaimg.cn	20491141
17	clients3.google.com	20192879
18	www.163.com	20155289

图 10　域名排行

四、结束语

通过建设智能 DNS 系统，我们实现了安全防护、高效管理及带宽的合理使用和对学生不良上网行为的干预。下一步，我们将对配置策略进行优化和测试，让宽带资源分配更为合理公平，为师生学习、工作和生活提供更好的网络体验。

参 考 文 献

[1] Mockapetris P. *Domain names: Concepts and facilities* [S]. RFC 1034, 1987.

[2] Mockapetris P. *Domain names: Implementation and specification* [S]. RFC 1035, 1987.

[3] 王垚、胡铭曾、云晓春、李斌、闫伯儒：《DNS 权威名字服务器性能与安全性的研究》，载《通信学报》2006 年第 2 期。

[4] THURROTT P. *Microsoft suffers another DoS attack* [EB/OL]. http://www.winnetmag.com/Windows Security/Article/Article ID/19770/Windows Security 19770.html, 2001.

[5] Cohen E, Kaplan H. *Proactive caching of DNS records: Addressing a performance bottleneck* [C] //Proc Symposium on Applications and the Internet (SAINT 2001). San Diego, CA, 2001.

[6] 曹锐、吴建平、徐明伟：《快速域名解析系统性能分析》，载《清华大学学报》（自然科学版）2009 年第 11 期。

[7] 章翔飞：《智能域名解析系统在校内资源访问中的应用》，江苏科技大学硕士学位论文，2014 年，第 39 页。

[8] 刘晓楠：《DNS 采集软件设计与实现》，北京邮电大学硕士学位论文，2015 年，第 3 页。

[9] 李婷、傅钢善：《国内外教育数据挖掘研究现状及趋势分析》，载《现代教育技术》2010 年第 10 期。

[10] Bousbia, N. & Belamri. *Which Contribution Does EDM Provide to Computer - Based Learning Environments. Educational Data Mining*, 2014: 15.

[11] 周庆、牟超、杨丹：《教育数据挖掘研究进展综述》，载《软件学报》2015 年第 11 期。

（作者单位：信息化建设管理处）